CW00665445

ISBN 978-2-211-22038-5
www.ecoledesloisirs.fr
www.ecoledesmax.com

© 2014, l'école des loisirs, Paris
Loi n° 49.956 du 16 juillet 1949 sur les publications destinées à la jeunesse: octobre 2014
Dépôt légal: novembre 2014
Imprimé en Italie par Grafiche AZ à Vérone

Yvan Pommaux

Nous, notre Histoire

Texte de Christophe Ylla-Somers et d'Yvan Pommaux
Couleurs de Nicole Pommaux

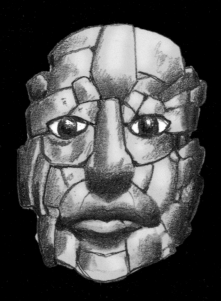

l'école des loisirs
11, rue de Sèvres, Paris 6e

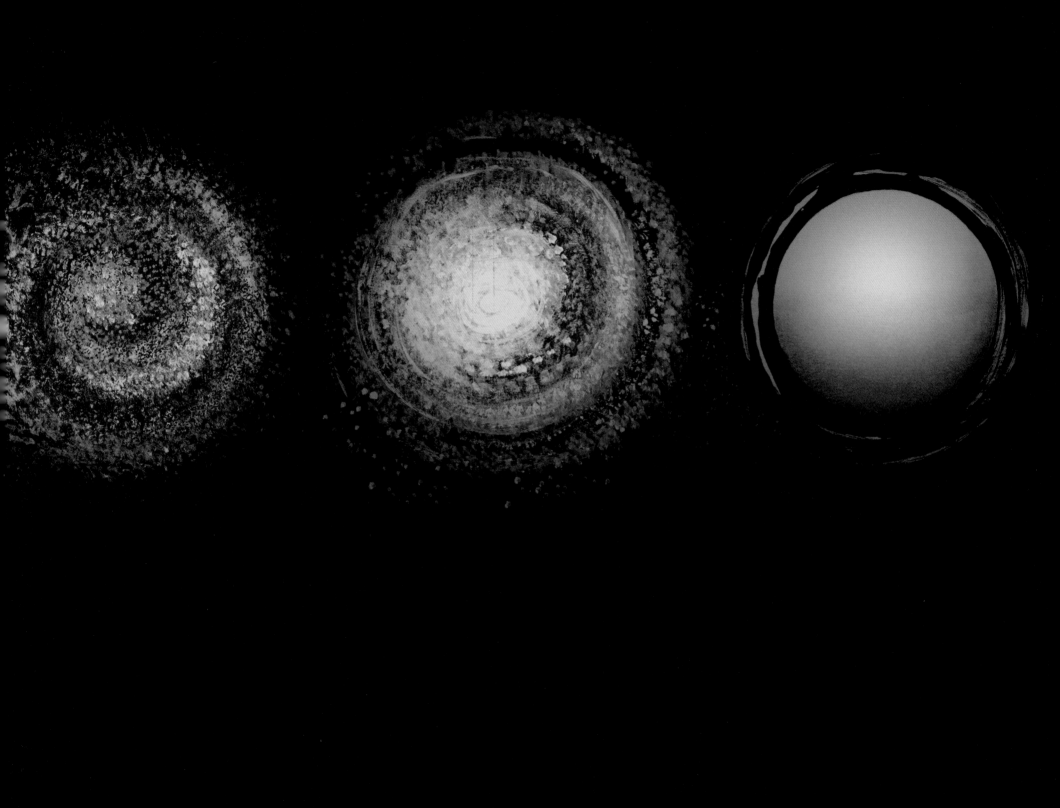

Nous ne connaissons pas le début de notre Histoire, et nous n'en saurons pas la fin.
Elle se déroule sur une planète emportée parmi d'autres dans un univers sans limites.
La science nous apprend que le monde existe depuis des milliards d'années et qu'il a subi
des bouleversements climatiques, des chauds et froids créateurs de vapeur…

Cette vapeur est retombée en eau dans des creux immenses, nos futurs océans.
Des orages chargés d'électricité grondaient dans le ciel.
Les rayons du soleil, la foudre, provoquèrent dans l'eau des réactions chimiques qui favorisèrent,
voilà plus de 3 milliards d'années, l'éclosion de la vie, sous la forme d'organismes primitifs, minuscules.

– 2 milliards d'années…

À partir de ces organismes, des espèces végétales et animales se développent. Certaines survivent, d'autres se transforment ou disparaissent.

Plusieurs millions d'années passent. Une éternité…

Quelques primates commencent à ressembler à des hommes.

– 3 millions d'années…

Parmi eux, *Homo erectus* (Homme debout), cueilleur et chasseur…

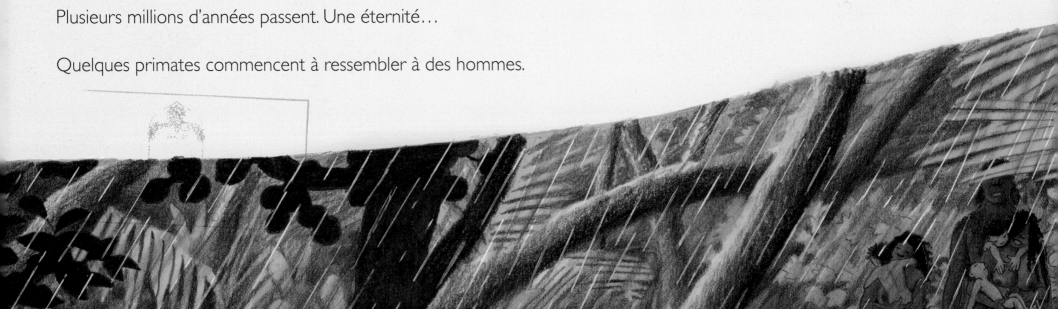

... ne se débrouille pas trop mal...

— 400 000 ans...

– 140 000 ans…

– 60 000…

Un autre bipède évolue en Afrique.
Ses cris deviennent un langage qui l'élève
au rang d'*Homo sapiens* (Homme qui sait),
c'est-à-dire nous! Oui, nous! Nous n'avons pas
fondamentalement changé depuis 150 000 ans…

Revenons en arrière, jusqu'à cette époque
lointaine, et observons-nous…
Déjà inventifs et industrieux, nous fabriquons
des outils rudimentaires, nous faisons du feu…
Nous vivons dispersés, en petits groupes.

Notre population augmente. Nous manquons
bientôt d'espace et de gibier. Alors nous partons,
sans destination précise.

ASIE

EUROPE

AFRIQUE

En quelques
millénaires, nous
peuplons le monde.

AUSTRALIE

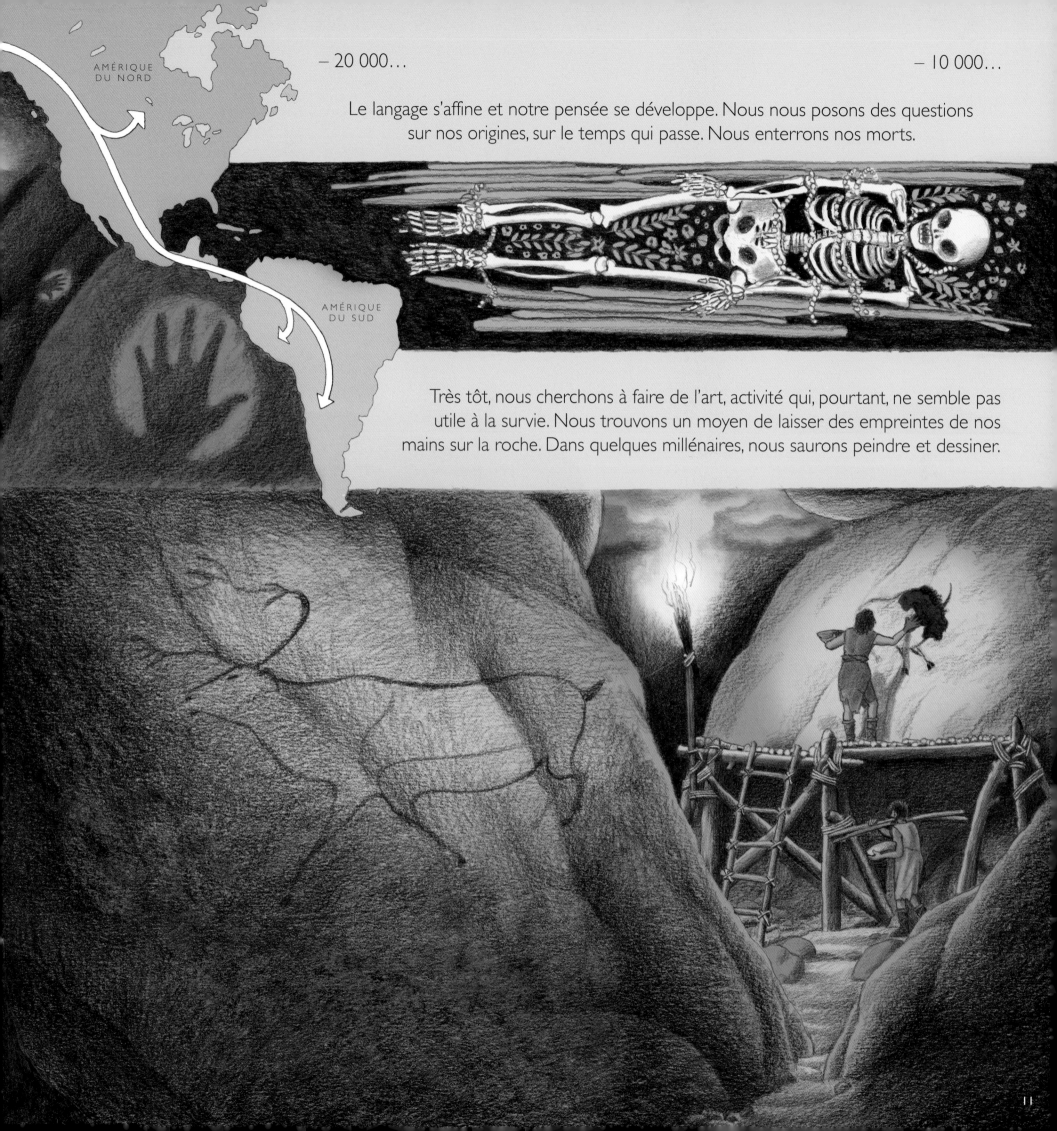

AMÉRIQUE
DU NORD

AMÉRIQUE
DU SUD

– 20 000…

– 10 000…

Le langage s'affine et notre pensée se développe. Nous nous posons des questions sur nos origines, sur le temps qui passe. Nous enterrons nos morts.

Très tôt, nous cherchons à faire de l'art, activité qui, pourtant, ne semble pas utile à la survie. Nous trouvons un moyen de laisser des empreintes de nos mains sur la roche. Dans quelques millénaires, nous saurons peindre et dessiner.

– 9 000…

Tout territoire manquant de ressources est d'habitude abandonné sans regret, mais pas ce bel endroit
qui, plus tard, s'appellera Sumer. Non, nous n'en partons pas quand notre gibier favori, la gazelle,
vient à manquer. Pour subsister, nous mangeons de l'orge et du blé sauvages,
qui poussent ici en abondance. Nous comprenons que nous pouvons en semer
les graines, les répartir et veiller à leur croissance.
Ce sont les débuts de l'agriculture, qui va bouleverser notre mode de vie.

Nous nous gardons de trop chasser les autres animaux de la région.
Nous parvenons à les domestiquer et à les élever. Les bovins, les chèvres, les moutons se montrent
dociles, et fournissent de la viande, du lait, des peaux.

On aurait dû
y penser plus tôt !

Nous mettrons plus de cinq mille ans à pratiquer l'agriculture et l'élevage sur tous les continents.

Un peu partout, les premières maisons apparaissent, différentes selon leurs matériaux de construction.
Elles constituent bientôt des villages. Nous mettons à l'abri des réserves alimentaires, et nous profitons
de moments de temps libre pour inventer, innover… Certains deviennent des artisans, pratiquent un métier.
Nous trouvons de l'or, du cuivre, de l'étain, nous fabriquons du bronze. Ce sont les débuts de la métallurgie.
Le forgeron est un personnage important du village.

Les villages s'étendent. Nous y devenons trop nombreux pour qu'un chef naturel s'impose.
Il en faut un pourtant, qui veille au respect des règles de vie communes.
D'abord choisis, les chefs ne tardent pas à désigner leurs successeurs
et à s'attribuer de plus en plus de pouvoir.
Ils s'enrichissent, s'entourent de fidèles qu'ils favorisent.
Des catégories se dessinent: nobles, paysans,
artisans…

Nous donnons une valeur aux choses, que nous vendons et achetons grâce au troc.
La possession des biens tend à devenir individuelle et non plus collective.

Nous transmettons nos maisons et nos terres à nos héritiers. Entre nous, des inégalités se creusent.

Nous inventons de nouveaux outils, de nouvelles méthodes…
Nous prenons goût aux objets, aux bijoux, aux parures.

Dans certaines régions, nous aménageons des lieux de culte où nous dressons inlassablement, depuis des lustres, d'énormes blocs de pierre pointés vers le ciel et bien alignés. Nous nous rassemblons là pour implorer le soleil, la lune et les étoiles, que nous considérons comme des divinités. Nous les interrogeons sur la vie, la mort, les phénomènes inexplicables. Elles nous répondent de façon étrange, par la bouche des devins ou des chamans.

− 3 000…

Un peu partout, de petites communautés solidaires de chasseurs-cueilleurs vivent toujours dans des caches naturelles ou des huttes.
Mais à Sumer, à présent, s'élèvent des cités entourées de hauts murs que dépasse le palais du roi, lui-même dominé par un temple imposant dédié aux dieux protecteurs. Ici, la société se divise selon la fortune, la fonction, le métier de chacun… Hors les murs, les paysans restent propriétaires de leurs terres. Mais, souvent pauvres et soumis au pouvoir royal censé les protéger, ils doivent acquitter des impôts en nature ou en épuisantes corvées.

Depuis longtemps, ici, à Sumer, certains d'entre nous dénombrent et classent les marchandises en creusant des signes
à l'aide d'un poinçon dans des tablettes d'argile.
Ils se spécialisent, améliorent leur système de symboles graphiques et constituent bientôt une caste privilégiée, celle des scribes.
Ils inventent la première écriture, dite cunéiforme, c'est-à-dire en forme de coins:
ceux que creuse le poinçon dans l'argile.
D'abord figurative, elle va peu à peu devenir abstraite et se perfectionner.
Notre Histoire pourra désormais s'écrire et rester dans les mémoires.

Après Sumer, seules la Chine et, plus tardivement, l'Amérique centrale créent de toutes pièces leurs écritures.
Des deux premières découleront toutes les autres.
Beaucoup plus tard, dans la région appelée Phénicie, apparaîtra le premier alphabet.

AMÉRIQUE DU NORD

écriture maya

AMÉRIQUE DU SUD

AFRIQUE

alphabet phénicien

écriture sumérienne

ASIE

中国
écriture chinoise

AUSTRALIE

X → A
◁ → B
▽ → D

EYXHN ODYΣΣEI

Nous, les Sumériens, répandons nos connaissances et notre savoir-faire au cours de nos voyages. En effet, nous manquons de bois, et, pour nous en procurer, nous commerçons avec des populations lointaines.

On nous imite, surtout les Égyptiens, qui finissent par nous surpasser en constituant un État fort, alors que nos cités rivales s'épuisent en guerres perpétuelles.

En Égypte aussi nous avons connu la guerre, mais elle est oubliée.

Le pharaon, notre roi, dieu vivant, porte la double couronne, celle du Nord et du Sud réconciliés. Nous vivons en paix, dans la prospérité.

La construction du quai n'avance pas. Il faut accélérer les cadences.

Les prêtres, nombreux et riches, célèbrent la puissance du pharaon, le disent envoyé par les dieux, et surveillent la construction des gigantesques monuments dédiés à sa gloire.

Les funérailles d'un pharaon donnent lieu à d'imposantes processions.

Le corps du roi est embaumé.
La vraie vie commençant après la mort,
le corps doit être conservé intact,
car il est la «maison de l'âme».
Pratiquée par des spécialistes,
cette quête d'immortalité
fait progresser la médecine et la chirurgie.

Une grande majorité de la population
ne peut s'offrir le luxe d'un embaumement.

– 2 000...

Beaucoup de régions n'évoluent guère, toujours peuplées de chasseurs-cueilleurs, de nomades et de bergers, alors que d'autres foyers de **civilisation** apparaissent :

EUROPE

Mer Méditerranée

ÉGYPTE

AFRIQUE

ARABIE

INDE

Sumer

Indus

La civilisation minoenne (du nom du légendaire roi Minos), sur l'île de Crète, qui emprunte à la fois à Sumer et à l'Égypte, et inspire à son tour les Mycéniens, peuple des héros d'Homère.

La civilisation de l'Indus avec des villes «tirées au cordeau», un urbanisme et des bains publics étonnamment modernes.

Foyers de civilisation

Leurs zones d'influence, en voie de développement

Régions restées peuplées de chasseurs-cueilleurs

Régions peuplées de nomades, bergers

Régions inhabitées

Échelle : 1 : 30 000 000

24

La civilisation chinoise, installée
sur un territoire déjà bien organisé,
divisé en provinces dont les populations
sont comptées chaque année.

青銅

Son écriture évolue.
Ses artisans excellent dans le travail
du bronze et produisent des objets
très raffinés.

CHINE

AMÉRIQUE DU NORD

CHINE

Détroit de Béring

Échelle: 1 : 85 000 000

Que dire du continent américain ?
Quelques-uns d'entre nous l'avaient atteint en − 12 000,
tout là-haut dans la neige et le froid du Grand Nord,
quand la terre, émergeant encore à l'endroit
du détroit de Béring, faisait pont entre l'«ancien»
et le «nouveau» monde, alors inhabité.

AMÉRIQUE
DU SUD

Ce pont franchi, le petit groupe allait peupler les Amériques.

Après des siècles passés sans évolution notable,
la **civilisation olmèque** apparaît en Amérique
centrale. Elle inspirera celles qui suivront…
Une sorte de «Sumer du Nouveau Monde»,
plus rude, sans autre culture céréalière que celle,
difficile, du maïs, et sans autres animaux
à domestiquer que la dinde ou le chien.

ASIE CENTRALE

Mer Méditerranée

Golfe Persique

Égypte

Inde

Chine

AFRIQUE

— 1 100…   — 950…

Dans le Vieux Monde, des climats, des espaces naturels différents ont amené
certains d'entre nous à se sédentariser, d'autres à choisir la vie nomade.
Entre eux, un fossé s'est creusé.

Les rudes nomades poussent leurs troupeaux à travers les steppes d'Europe
et d'Asie centrale. Ils commercent parfois avec des paysans dépendant de riches
cités orientales, qui les craignent autant qu'ils les méprisent.
Tout en échangeant fourrures et peaux, les pasteurs des steppes aperçoivent,
derrière de hauts murs, des palais et des temples d'une splendeur arrogante.
Et voilà que ces paysans s'installent sur des terres où ils ont l'habitude
de faire paître leurs troupeaux.
Des conflits éclatent.
Pour combattre, les nomades
disposent d'un atout majeur : le cheval,
qu'ils élèvent depuis trois mille ans.
Organisés, mobiles, ils débordent facilement
leurs adversaires.
L'Égypte, l'Asie, les cités du Levant
subissent leurs assauts et s'en trouvent
bouleversées.

– 900… Cette époque est celle des progrès dans la fabrication du fer, dont on arrache le minerai à la montagne.
Si le bronze et l'or sont plutôt les métaux des objets, de l'apparat…

Avec le fer et le cheval, apparaît une classe de guerriers spécialisés, conducteurs de chars légers: les auriges.
On confisque des terres aux paysans pour les offrir à cette nouvelle aristocratie militaire.

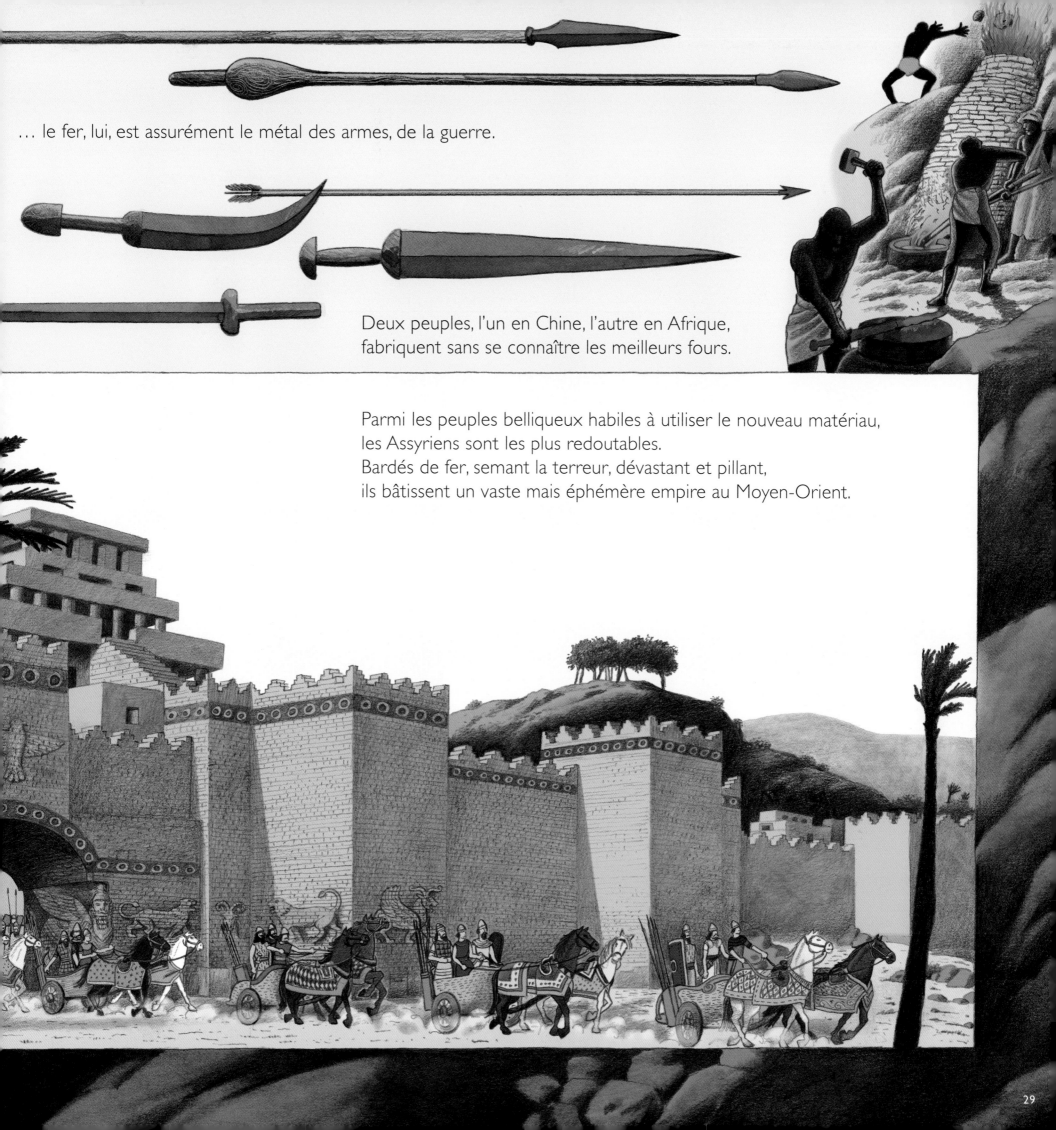

… le fer, lui, est assurément le métal des armes, de la guerre.

Deux peuples, l'un en Chine, l'autre en Afrique,
fabriquent sans se connaître les meilleurs fours.

Parmi les peuples belliqueux habiles à utiliser le nouveau matériau,
les Assyriens sont les plus redoutables.
Bardés de fer, semant la terreur, dévastant et pillant,
ils bâtissent un vaste mais éphémère empire au Moyen-Orient.

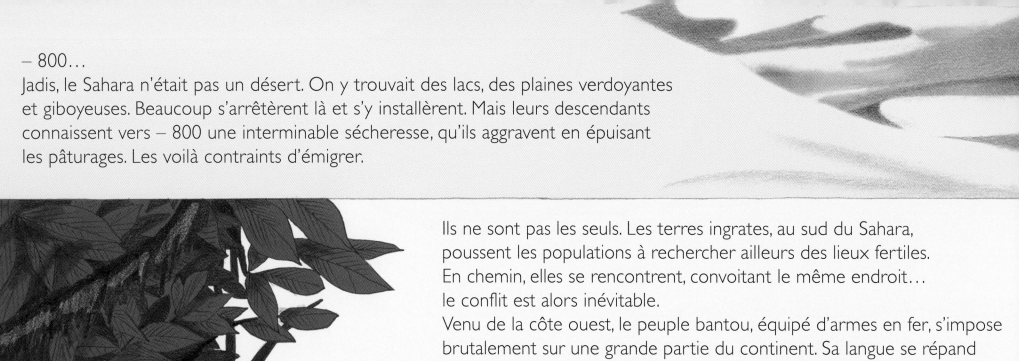

– 800…
Jadis, le Sahara n'était pas un désert. On y trouvait des lacs, des plaines verdoyantes et giboyeuses. Beaucoup s'arrêtèrent là et s'y installèrent. Mais leurs descendants connaissent vers – 800 une interminable sécheresse, qu'ils aggravent en épuisant les pâturages. Les voilà contraints d'émigrer.

Ils ne sont pas les seuls. Les terres ingrates, au sud du Sahara, poussent les populations à rechercher ailleurs des lieux fertiles. En chemin, elles se rencontrent, convoitant le même endroit… le conflit est alors inévitable. Venu de la côte ouest, le peuple bantou, équipé d'armes en fer, s'impose brutalement sur une grande partie du continent. Sa langue se répand et se ramifie en une multitude de langues sœurs.

La domestication du chameau permettra, en traversant le désert, de reprendre les échanges entre le nord et le sud du continent.

Dans la majeure partie de l'Afrique, le combat quotidien pour la survie mobilise les énergies, ce qui ne favorise pas le développement de cités ou d'États…
Les grands fauves rôdent. Plus dangereux car moins repérables, les mambas, les mygales, les mouches tsé-tsé abondent.
Pour puiser l'eau des rivières, il faut s'aventurer sur des berges infestées de moustiques dont les piqûres transmettent de terribles maladies.

EUROPE

AFRIQUE

– 700…
En ce monde, à présent, nous sommes environ 100 millions d'individus, tous de même origine, mais devenus différents selon les climats et les ressources des régions que nous habitons.

Beaucoup se reconnaissent dans un peuple ayant sa propre langue, ses coutumes, un mode de vie particulier.
Chacun cherche à délimiter son territoire.

Mer Méditerranée

Phénicie

Alors qu'à la périphérie des premières grandes civilisations, des régions s'activent et innovent, le dernier millénaire avant l'an 1 voit s'épanouir le commerce. Mais nul ne le pratique mieux que les Phéniciens, qui fondent des comptoirs en Afrique, naviguent jusqu'en Bretagne…

Voici Carthage!

Nos relations, de conflits
en alliances, se compliquent,
et depuis longtemps,
en considérant les hommes
et les femmes d'un autre peuple,
nous ne pensons pas «nous»
mais «eux».

Les monnaies d'échange (graines d'orge, fèves,
puis or ou argent) se pèsent.

Avec les bateaux, circulent aussi, partout et vite,
les idées neuves.

La guerre sévit toujours entre les cités, les régions, les tribus. Partout grandissent des masses pauvres: prisonniers asservis par leurs vainqueurs, populations déplacées, réfugiés fuyant des zones de combat. De petits groupes, victimes ou fatigués des obsessions guerrières des hommes, vont écouter des prophètes voyageurs, conteurs d'histoires, de paraboles qui leur parlent des souffrances terrestres, mais aussi de dieux miséricordieux et de consolation dans l'au-delà.

À la même époque, quelques-uns de ces orateurs, sans se connaître ni se rencontrer,
proposent en différents lieux des lignes de conduite morale qui, par bien des aspects, se ressemblent.
Ils sont à la source d'un fleuve spirituel philosophique et religieux qui va traverser le monde.

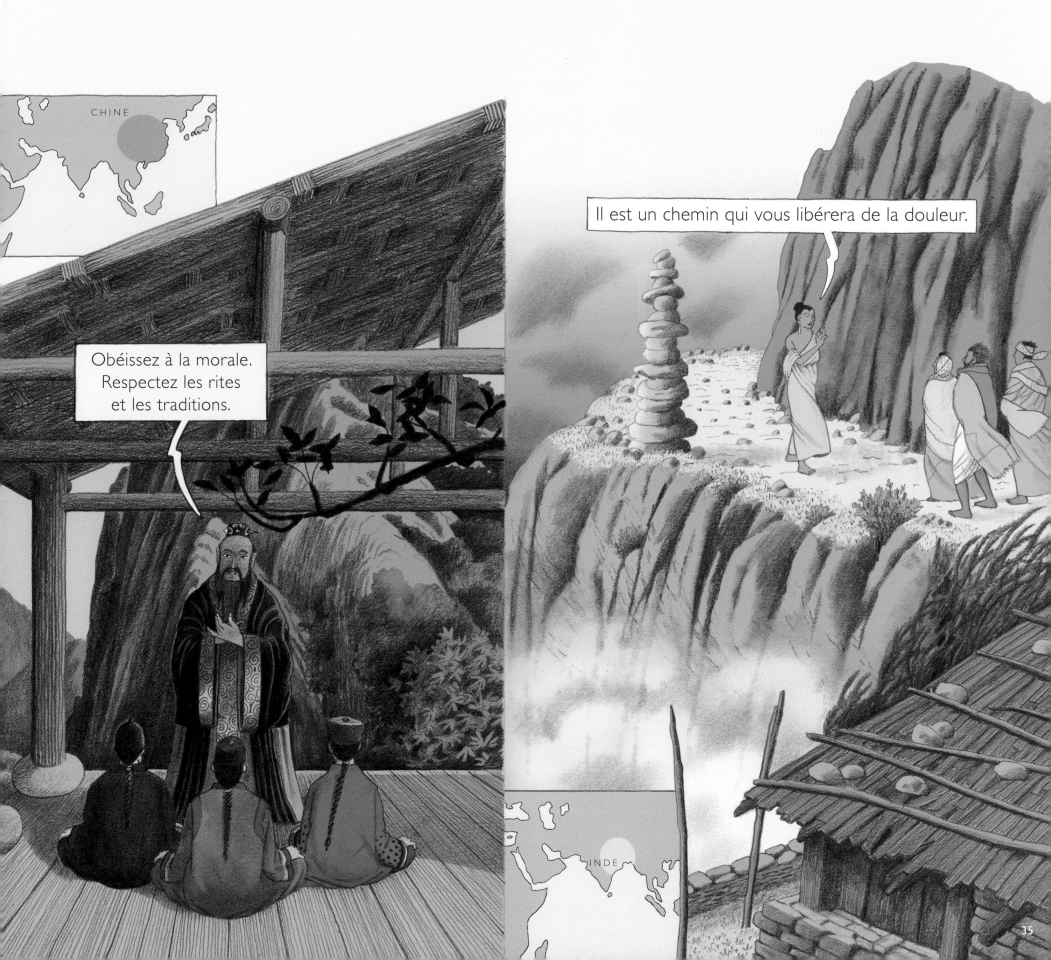

Les habitants de l'Amérique du Nord
vivent de chasse, de pêche, et de cueillette,
en groupes éparpillés, nomades…
Certains commencent à cultiver
des terres, et donc à se fixer.

«Je suis celte.
Existe-t-il un peuple celte?
Oui et non…
plutôt un ensemble de clans,
qui se mélangent,
installés au nord de l'Europe.
Guerriers redoutables, nous avons envahi
au cours des siècles d'immenses territoires,
sans toutefois en faire un Empire celte.
Repoussés de certaines régions,
nous nous sommes, ailleurs,
progressivement mêlés
aux populations.»

Lac Supérieur

Lac
Huron

Lac
Michigan

Lac Ontario

Lac
Érié

Missouri

Mississippi

Future
Irlande

Future
Grande-Bretagne

Future
France

Future
Espagne

Balkans

Pas d'États dans la péninsule Arabique. En son centre, des tribus nomades se déplacent avec leurs troupeaux.
Au sud, de riches cités portuaires et marchandes offrent une escale aux bateaux chargés de produits de luxe
qui naviguent entre l'océan Indien et la mer Méditerranée. Épices, ivoire, encens, myrrhe…
On appelle cette région «l'Arabie heureuse».
Dans le Sud-Est asiatique, le contraste est encore plus grand, car le degré d'évolution diffère
entre les régions côtières et celles de l'intérieur, où poussent des jungles impénétrables.

Dans les îles de l'océan Pacifique,
tôt colonisées, on vit beaucoup
de la pêche, mais aussi
d'un peu de culture
et d'élevage.

L'Australie, immense continent aride et isolé,
est encore peuplée de chasseurs-cueilleurs.

– 450…

En dépit des conflits permanents entre cités rivales, les siècles
d'avant l'an 1 connaissent un formidable essor.
Partout, les idées se confrontent, s'approfondissent.
Des œuvres littéraires voient le jour.
On pratique la philosophie, l'astronomie, la géographie, la géométrie, l'histoire…
On fait du sport…
Des monnaies circulent, facilitant le commerce.

Athènes connaît un âge d'or.
On y joue les premières pièces de théâtre,
qui deviendront éternelles.
Des sculptures se dressent dans les temples,
dans les rues, sur les places.
Elles ne représentent plus seulement des dieux
ou des rois, mais des hommes, simplement.

Si les Grecs se bagarrent entre eux, ils savent s'allier
contre les autres peuples, qu'ils jugent inférieurs
et pour lesquels ils inventent le mot «Barbares».

Les esclaves représentent les deux tiers
de la population: prisonniers de guerre,
femmes des régions conquises…
qui feront des enfants, esclaves eux aussi.
La prospérité grecque repose
sur leur exploitation massive.

GRÈCE

Athènes

Sparte

– 350…
Un jeune roi de Macédoine, au nord de la Grèce, part en guerre. En dix ans, il s'empare d'immenses territoires,
mais il meurt. Son empire se disloque, laissant des régions dévastées, livrées au chaos.

En Inde, au sud de ces zones affaiblies, naît un autre empire.
Peu menacé, il dure. Les plus éclairés des rois qui le dirigent
parviennent à rassembler les populations diverses de ce vaste territoire en un seul peuple,
grâce à une politique de sage équilibre entre autorité et tolérance.

Des règles de conduite sont gravées partout, sur des piliers ou à même la roche.
Nul ne peut les ignorer.

Une paix relative s'installe dans cette région, et la pensée scientifique y connaît un élan particulier.
Ici, bientôt, on inventera le «zéro», génial apport aux mathématiques,
et un savant astronome affirmera le premier que la Terre, toute ronde, tourne sur son axe.

La civilisation chinoise reste la plus ancienne et la plus stable du monde.
Depuis des siècles, en dépit de révoltes paysannes, de guerres entre seigneurs rivaux,
le sentiment d'appartenance à un État y est fermement installé.
S'il existe bien un trône que se disputent les grandes familles du pays, celui-ci est en réalité
dirigé par une élite de fonctionnaires lettrés qui considère l'art de gouverner
comme le plus haut degré de la culture.

Territoire conquis par Alexandre le Grand
échelle 1 : 25 000 000

échelle 1 : 30 000 000
INDE

– 200...

CHINE

échelle 1 : 40 000 000

Ces zélés serviteurs de l'État se transmettent des valeurs
par lesquelles ils veulent élever et souder le peuple.
Pour cela, ils travaillent à la mise en place d'une organisation complexe
qui n'attend plus que les inventions du papier et de l'imprimerie pour prouver son efficacité.

De la fonte, de l'acier sont fabriqués, des routes tracées pour développer le commerce.
La construction de la Grande Muraille, destinée à protéger l'immense Chine
des turbulents peuples nomades, est commencée.

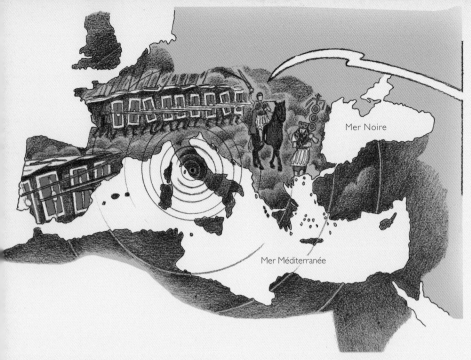

Mer Noire

Mer Méditerranée

«Nous, peuple latin, avons fondé Rome, cité devenue prestigieuse
et redoutée. Notre armée, bien organisée, a envahi tout le pourtour
méditerranéen.
Partout, nous imposons la loi romaine, brutalement s'il le faut,
mais nos chefs essaient toujours de partager l'administration
des régions conquises avec des responsables locaux.»

Les riches cultures orientales impressionnent leurs envahisseurs.
Ainsi, l'architecture et la statuaire grecques influencent les artistes latins.

Certains ironisent:

«La Grèce a conquis son vainqueur!»

– 100

La guerre ininterrompue fait progresser l'art militaire, mais pas seulement…
Les ingénieurs et les architectes latins brillent dans le domaine de l'urbanisme.
Il fait bon se promener dans les villes dites «romaines»…
On s'y attarde près des fontaines, on va aux thermes, ouverts à tous…
L'eau arrive de loin, passe par-dessus les vallées dans des aqueducs, et parcourt
tout un réseau de canalisations en plomb pour jaillir de la bouche d'une gorgone
ou de la gueule d'un lion.

Les «voies romaines» facilitent les déplacements des soldats
lors d'opérations guerrières ou de maintien de l'ordre.
Des voyageurs, des commerçants, des aventuriers les empruntent.

L'esclavagisme se pratique à grande échelle. Des commerçants prospères
puisent sans retenue dans l'immense réservoir d'hommes à vendre
que constituent les peuples vaincus.
Pourtant, la majorité de la population latine souffre d'injustices criantes,
tandis que de riches Romains se vautrent dans un luxe inouï.
Tous vont oublier leurs soucis au cirque, et hurler
devant de cruels combats de gladiateurs.

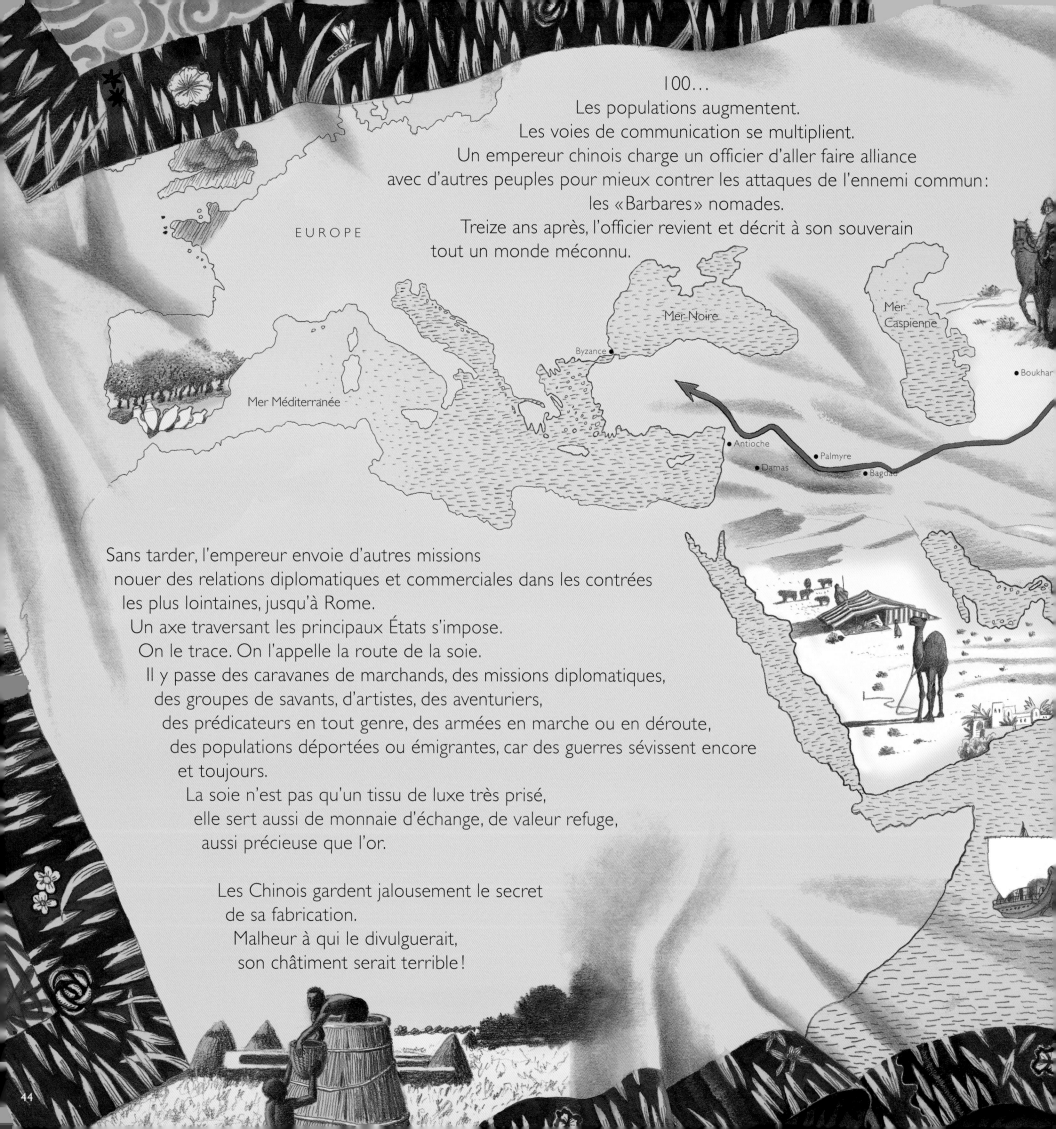

100...
Les populations augmentent.
Les voies de communication se multiplient.
Un empereur chinois charge un officier d'aller faire alliance
avec d'autres peuples pour mieux contrer les attaques de l'ennemi commun:
les «Barbares» nomades.
Treize ans après, l'officier revient et décrit à son souverain
tout un monde méconnu.

EUROPE

Mer Noire

Mer Caspienne

Byzance

Boukhar

Mer Méditerranée

Antioche

Palmyre

Damas

Bagdad

Sans tarder, l'empereur envoie d'autres missions
nouer des relations diplomatiques et commerciales dans les contrées
les plus lointaines, jusqu'à Rome.
Un axe traversant les principaux États s'impose.
On le trace. On l'appelle la route de la soie.
Il y passe des caravanes de marchands, des missions diplomatiques,
des groupes de savants, d'artistes, des aventuriers,
des prédicateurs en tout genre, des armées en marche ou en déroute,
des populations déportées ou émigrantes, car des guerres sévissent encore
et toujours.
La soie n'est pas qu'un tissu de luxe très prisé,
elle sert aussi de monnaie d'échange, de valeur refuge,
aussi précieuse que l'or.

Les Chinois gardent jalousement le secret
de sa fabrication.
Malheur à qui le divulguerait,
son châtiment serait terrible!

Bombyx du mûrier

Œufs du bombyx du mûrier

Ver à soie

Chrysalide

Cocons de soie

Le précieux secret sera pourtant perdu, et, avec lui,
le monopole chinois de la fabrication de la soie. Voici comment:
la reine rusée d'un petit pays voisin, ayant obtenu le droit de visiter un élevage de vers à soie,
parvient à subtiliser et emporter quelques précieux cocons,
en les cachant dans sa chevelure.

Tashkent

amarkand

Aksou

Tourfan

Kashgar

Dunhuang

Yarkand

Lanzhou

Chang'an (Xian)

INDE

Nous affrontons les Romains depuis des siècles. Ils nous appellent les Germains. À tort, car nous vivons en tribus nombreuses, au-delà du Danube et du Rhin, changeant souvent de chefs et de noms. Rome s'épuise à défendre son empire. Son armée se dégrade. Nous allons en profiter pour reprendre des terres qui nous appartenaient et, pourquoi pas, pousser plus loin nos chevaux !

À Rome, les crises politiques, économiques, les révoltes d'esclaves, les épidémies se succèdent. De plus en plus, le peuple s'appauvrit.

Rhin

Danube

Rome

Constantin

Mer Méditerranée

400…

De nombreux citoyens et artisans romains émigrent, comme le font d'autres populations, aux confins de l'empire en pleine mutation.

Bientôt, les colonies romaines les moins évoluées, au Couchant, se décomposent devant les invasions des Huns, des Goths, des Vandales, des Lombards, des Francs…

Rome elle-même finit par tomber. Cela ne bouleverse ni ses élites, ni ses plus riches citoyens, expatriés depuis longtemps dans leurs colonies orientales, dans des villes prestigieuses telles qu'Antioche, Alexandrie ou Constantinople, devenue la capitale de ce qui reste de l'empire.

Il paraît que les Barbares s'installent en Gaule, par là-bas, au Couchant, dans nos villes, en empruntant nos routes…

… qui se couvrent de ronces… On dit que les Barbares se reforment en tribus, se querellent, que les forêts repoussent, que le commerce périclite… Quel gâchis !

800…

En Chine, notre civilisation se développe depuis plus de deux mille ans.
Nous avons connu des périodes sombres, mais nous les avons surmontées.
Nous perfectionnons sans cesse nos outils, nos méthodes, et nous en inventons d'autres…
La charrue à versoir a décuplé la production agricole. Nous savons fabriquer de la poudre à canon, de la porcelaine,
du papier. Bientôt suivent les inventions de la xylographie, puis de l'imprimerie.

Nous mettons au point
le compas de navigation, la boussole.
Nous maîtrisons de mieux en mieux
l'énergie hydraulique grâce aux moulins,
aux barrages…

Nos écrivains, nos poètes, nos peintres
produisent des œuvres raffinées.
Nous avons des écoles, des universités…

Nous améliorons notre production de soie,

que nous teignons et décorons de motifs délicats.

AMÉRIQUE
DU NORD

Depuis *Homo sapiens*, notre ancêtre commun, nous nous sommes multipliés
et diversifiés dans le Vieux Monde, sans tous évoluer au même rythme…
Le même phénomène se produit de l'autre côté de l'océan Atlantique.
Les deux Amériques sont encore largement peuplées de chasseurs-cueilleurs.
Mais, dans l'étroite région qui les relie, une civilisation appelée «maya»
a su se développer, construire d'imposantes pyramides, et inventer
un système d'écriture…

Pourtant, la société maya s'est effondrée: terre ingrate…
pénible monoculture du maïs et climat trop humide
pour le conserver… absence de bêtes de trait…
reliefs favorisant l'installation de petits royaumes
toujours en guerre pour la possession des terres
cultivables… Tout semblait ligué contre elle!

49

À chaque religion son calendrier!
Selon les chrétiens, Dieu aurait eu un fils sur Terre au temps de l'Empire romain.
Ils décident du moment de sa naissance qui devient pour eux le premier jour de l'an 1,
établissant ainsi un calendrier que beaucoup, chrétiens ou pas, adoptent et utilisent
encore aujourd'hui.

On assiste, tout autour de la Méditerranée et jusqu'aux portes de l'Asie, au triomphe de Dieu.
D'une première religion monothéiste, le judaïsme, en étaient nées deux autres, le christianisme et l'islam,
qui, par bien des côtés, se ressemblent: elles recommandent d'aimer son prochain, d'obéir
à des règles morales, promettent une vie meilleure après la mort… Elles réprouvent la violence
et tentent de convertir les non-croyants par la parole.

Cependant, des rois, des papes, des émirs exaltent les sentiments religieux et lèvent des armées
animées d'un feu sacré pour aller châtier l'hérétique ou l'infidèle.
La piété parfois sincère qui inspire ces guerres saintes, ces croisades, n'est le plus souvent
qu'un prétexte hypocrite à de banales expéditions de conquête.

Territoire des trois religions monothéistes

Mer Méditerranée

Pourtant, dans beaucoup de cités méditerranéennes, chrétiens, musulmans et juifs vivent en bonne intelligence. Ils auraient plutôt tendance à se déchirer entre adeptes d'une même confession sur l'interprétation de textes aussi sacrés qu'énigmatiques.

Des hommes, des femmes sont arrivés voilà longtemps en Scandinavie, un pays de neige, de brume et de froid.
Peuple rude, guerrier, on les appelle les Vikings.
Pour pêcher et traverser les fjords profonds de cette région, leurs descendants ont appris à construire de bons bateaux:
les drakkars, aussi maniables sur la mer que sur les fleuves et les rivières.
Devenus trop nombreux, manquant de bois et de terres cultivables, ils s'embarquent vers le sud avec des fourrures,
des peaux de phoque et de la cire d'abeille, qu'ils comptent échanger contre des vivres et du bois.
Mais, plus guerriers que marchands, ils terrorisent les populations qu'ils rencontrent. Partout, ils pillent, dévastent,
et finissent par s'installer sur les terres qui leur semblent prometteuses.

«Tous nous craignent et fuient devant nous!»

Les vents du nord détournent parfois leurs navires. Certains abordent des terres nouvelles, vierges, qu'ils peuplent.
Et, de là, ils se risquent dans l'inconnu, vers l'ouest.

Ils découvrent une région de forêts, de prairies
où courent des cerfs, des caribous.
Des rivières relient entre eux des lacs où nagent
des saumons…
Ils voient s'approcher des sauvages emplumés.
Ils les massacrent. Il en arrive d'autres,
beaucoup plus nombreux et habiles archers.

Les Vikings fuient sous les volées de flèches. Ils essaieront, mais sans succès, de revenir dans ce beau pays.

1000…

Presque partout dans le monde, la famille est pensée comme le socle d'un ordre social voulu par les dieux.

Cette conviction profite aux autorités religieuses, qui célèbrent avec zèle la structure familiale.

Ceux qui s'en éloignent sont louches, suspects…

Souvent très vaste, la famille peut rassembler plusieurs dizaines d'adultes et d'enfants sous l'autorité d'un patriarche respecté.

On obéit aux lois, aux règles collectives, on se conforme aux traditions, mais on se replie à tout moment dans la sphère privée qui reste, en dépit de ses inconvénients ou de ses drames, plus rassurante que le monde extérieur.

Dans la grande majorité des sociétés de l'époque, la femme est considérée comme inférieure à l'homme. Surveillée, elle sort peu, voilée, cache ses cheveux. Une relation avec un inconnu… la survenue d'un petit bâtard… voilà qui serait intolérable !

Les mariages d'amour sont rares, presque toujours arrangés dans l'intérêt de deux clans.

En général, les hommes s'occupent des affaires publiques.

Les femmes sont éloignées de l'instruction dans tous les pays, à l'exception notable de la Chine et du Japon.

Elles tiennent la maison et élèvent les enfants sans contester l'ordre établi, inculquant tôt aux garçons
le sentiment de leur supériorité.
Les épouses sont continuellement enceintes, font des enfants qu'il faut nourrir dans un temps où les famines
menacent au moindre dérèglement climatique.
La religion interdit l'adultère et les relations amoureuses hors du mariage.
Mais les amoureux savent inventer mille ruses pour se rencontrer…
Les enfants meurent beaucoup. Chez les plus pauvres, les bébés mal portants ou non voulus
sont bien souvent éliminés, comme de petits chats.
Les hommes ne s'intéressent guère à ceux qui survivent: des braillards qui pleurnichent
ou ne savent que jouer avant de pouvoir se rendre utiles. Dès sept ou huit ans, les garçons accomplissent
des tâches très dures. Les filles attendent le mariage.

En Orient, dans les ports et dans les villes traversées par les grandes routes terrestres, une classe bourgeoise s'enrichit, celle des marchands, juifs ou musulmans pour la plupart. Ils gèrent des entreprises d'échanges commerciaux, ils sous-traitent…
Polyglottes, ils établissent entre eux des réseaux et sont chargés par les rois de missions diplomatiques parfois secrètes. Ils transfèrent de l'argent, deviennent banquiers.

Les futures Amériques demeurant toujours inconnues, ils réalisent déjà ce qu'on pourrait appeler une « mondialisation », avec, pour centre névralgique, l'océan Indien. Le commerce s'étend sans rupture du Levant au Couchant, et gagne bientôt l'Afrique orientale, en passant par la belle et vibrante Kilwa, sur la côte tanzanienne.
Les produits manufacturés proviennent des pays les plus anciennement civilisés…
Les produits bruts, les esclaves, sont les marchandises que proposent l'Europe de l'Ouest, l'Afrique de l'Est…

Océan
Indien

Les territoires du Couchant qui bordent l'Atlantique n'affichent pas cette belle santé.
Abandonnés depuis longtemps par les autorités romaines, des peuples s'y bagarrent sans cesse,
se mélangent, changent de places, de chefs.
Durant près de six siècles, les villes se dépeuplent, on retourne à la terre.
Au début du XIᵉ siècle, les progrès techniques accomplis par la Chine, l'Inde et les pays musulmans
parviennent, par la Sicile et l'Andalousie, à ces paysans d'Occident qui vont pouvoir produire
davantage. Soleil et pluies arrivent au bon moment. Après plusieurs années de belles récoltes,
les voilà deux fois plus nombreux, et plus épanouis.
Certains étudient et partent jusque dans les royaumes musulmans du sud de l'Espagne,
attirés par la réputation d'écoles qui acceptent des élèves et des maîtres de toutes religions.
Les cultures musulmane et chrétienne d'Orient, qui ont conservé la mémoire des civilisations
anciennes, s'étendent par les arts et les lettres. Les troubadours s'inspirent de la poésie amoureuse
arabe.

1200...
L'irréductible conflit entre nomades et sédentaires reprend de plus belle.
Le peuple mongol, pasteur et guerrier, cherche de nouveaux pâturages
pour ses immenses troupeaux de chevaux.

Encore une fois, la mobilité de ses cavaliers hors pair et sa discipline de fer
ont raison des armées qui tentent de l'arrêter.
Commandé par un chef intraitable et vénéré, il gagne des régions lointaines,
jusqu'en Chine.
Le voilà maître d'un empire plus vaste qu'aucun autre avant lui.

Les Mongols ont brutalement conquis, beaucoup détruit, mais cherché ensuite l'apaisement
et l'entente, laissant partout s'exprimer toutes les traditions, toutes les religions.

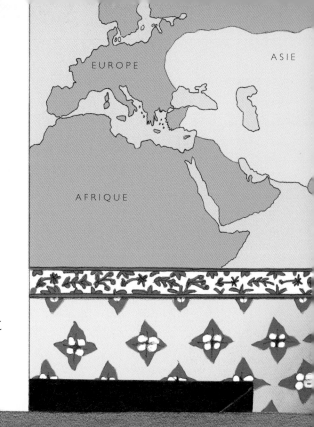

Ils créent un courrier postal à cheval…
Les décisions gouvernementales se transmettent vite,
la gestion de l'empire s'en trouve facilitée.

Ce qui ressemble à une paix générale s'installe.

Sur la demande de l'empereur mongol, un Perse
établit la première *Histoire universelle du monde*,
aidé par des collaborateurs chinois, mongols et indiens.

L'île de Pâques, posée au beau milieu de l'océan Pacifique, semble ne pas appartenir à notre monde.
Elle est aussi inaccessible qu'une planète dans le ciel.

Pourtant, une poignée de Polynésiens, fuyant des terres surpeuplées, jetés en mer par la faim,
l'atteignent en pirogue au bout de plusieurs milliers de kilomètres d'errance.
Les eaux par ici ne sont pas poissonneuses.
Les nouveaux arrivants déboisent pour gagner des terres cultivables, qu'ils épuisent en quelques siècles.
Les pluies faibles, un vent violent contrarient les cultures.
Les Pascuans, après avoir chassé, consommé et exterminé tous les oiseaux de l'île, se battent entre eux.
Chaque clan implore des dieux auxquels il dédie de gigantesques statues, dont l'érection se fait
grâce à des systèmes de leviers nécessitant de nombreux troncs d'arbres.
Les clans rivalisent en érigeant des statues de plus en plus monumentales.
Ils finissent par détruire ce qu'il restait de leurs forêts. Ils n'ont plus rien.
Ils s'entre-dévorent sous le regard corallien de leurs géants de pierre au garde-à-vous.

Vont-ils disparaître ?

Au cours des XIIe et XIIIe siècles, en Europe de l'Ouest, les populations augmentent.   1350...
Mais une période de grands froids freine l'essor agricole. Les vivres manquent.
Alors que les famines se succèdent, une guerre longue, violente, confuse, née d'un conflit avec le roi d'Angleterre,
ravage la terre de France et ses environs.

Des royaumes, des comtés, des duchés se jettent dans la bataille, s'allient,
se trahissent, tandis que des mercenaires se rassemblent en bandes
de brigands et pillent.

Mais le pire arrive de Chine : la peste noire, maladie contagieuse et mortelle,
se répand, transmise par la puce d'un rat qui pullule dans les cales
des bateaux marchands.
Elle a déjà fait des centaines de milliers de victimes
quand elle commence à décimer les peuples du Couchant,
qui attendent, en bons chrétiens, la fin des temps,
et pensent que l'heure du Jugement dernier est arrivée.

Le mal progresse. Dans des œuvres d'art macabres, la mort apparaît sous la forme d'un squelette qui fauche les vies.
On cherche des coupables, on désigne des minorités hérétiques, différentes…
On massacre des lépreux, des vagabonds, et des juifs, de plus en plus rejetés.

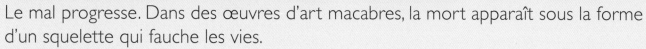

«On nous accuse d'avoir empoisonné les puits !
Nos frères juifs qui n'ont pas pu s'enfuir sont jetés sur des bûchers dressés dans nos cimetières.
Ils meurent brûlés vifs.»

Les médecins purgent, saignent, disent que l'eau propage le mal et déconseillent la toilette.
Affaiblies et sans hygiène, les populations deviennent encore plus vulnérables.

«Je suis portugais, et je vis dans un petit royaume du Couchant, à l'extrême ouest du Vieux Monde. Pourtant, des nouvelles nous parviennent des pays lointains.

On dit qu'il existe en Afrique une ville merveilleuse, traversée par des caravanes chargées d'or ou de sel, accompagnées de files d'esclaves. Tombouctou, c'est son nom, prospère en organisant le commerce de ces précieuses marchandises.

On dit aussi que le roi du Mali est le plus riche de la Terre. Il aurait jeté de l'or à pleines mains dans les rues du Caire. Converti par des marchands musulmans, il passait par là pour se rendre à La Mecque, l'une des villes saintes de l'Islam. Ici, au Portugal, cette histoire enflamme les imaginations et répand la fièvre de l'or. Nos marins partent créer des comptoirs sur la côte ouest de l'Afrique en dessous du Sahara. Nous matons les populations locales à coups de canon, cette arme chinoise arrivée jusqu'à nous. Nous ne trouvons pas d'or mais nous capturons des esclaves, aussitôt emmenés et mis au travail dans nos plantations de canne à sucre, sur l'île de Madère.»

Mer Méditerranée

Madère

Sel

Sel

Or

Esclaves

Tombouctou

Or

Sel

Or

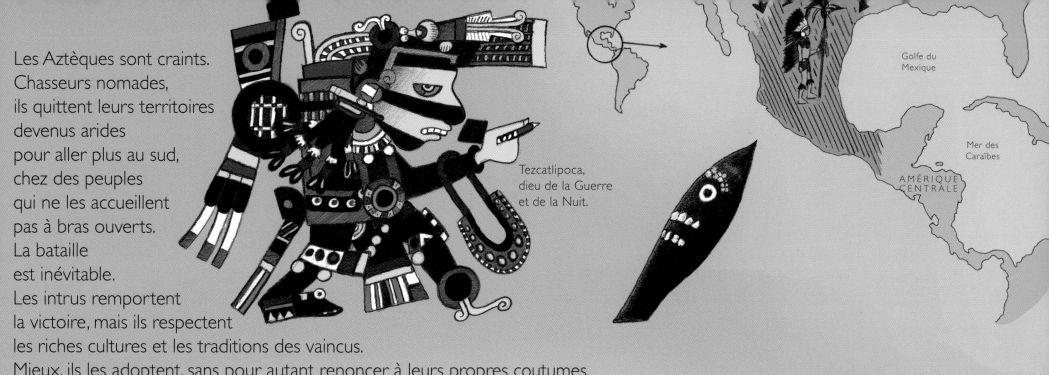

Les Aztèques sont craints.
Chasseurs nomades,
ils quittent leurs territoires
devenus arides
pour aller plus au sud,
chez des peuples
qui ne les accueillent
pas à bras ouverts.
La bataille
est inévitable.
Les intrus remportent
la victoire, mais ils respectent
les riches cultures et les traditions des vaincus.
Mieux, ils les adoptent, sans pour autant renoncer à leurs propres coutumes.
Les Aztèques croient que les dieux ont fait d'eux des guerriers pour abreuver de sang le Soleil,
qui s'éteindrait s'il venait à en manquer. Ce soir, ils lui offrent donc celui d'un prisonnier de guerre
au corps allongé, ruisselant de rouge, sur une pierre sacrificielle, ainsi que son cœur encore palpitant
déposé dans un réceptacle ouvragé.

Tezcatlipoca,
dieu de la Guerre
et de la Nuit.

Golfe du
Mexique

Mer des
Caraïbes

AMÉRIQUE
CENTRALE

Sédentarisés, les Aztèques se mettent à l'agriculture, qu'ils développent sur des îles artificielles, dans des lacs.
C'est aussi là qu'ils construisent une capitale sillonnée de canaux : Tenochtitlan
(futur Mexico), la plus grande du monde.

«Après la conquête de l'Andalousie musulmane, nous devenons un grand peuple chrétien, celui d'Espagne. 1550…
Purs et durs, nous voulons poursuivre la croisade et libérer Jérusalem, en l'atteignant par l'ouest,
car il paraît que la Terre est ronde. Nous pourrions ainsi éviter les navires vénitiens en Méditerranée.

Un marin génois a réussi à convaincre notre roi de lui confier trois bateaux
pour aller reconnaître cette route possible jusqu'à la Ville sainte.
Il n'atteint pas son but, mais découvre en chemin un autre monde,
peuplé de sauvages et de terres à leur prendre.
Lorsque nous y retournons, avec d'autres bateaux, nous trouvons de l'or.
Ce pays en regorge, c'est l'*eldorado*.

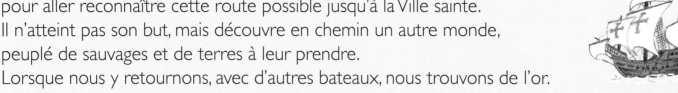

AMÉRIQUE
DU SUD

PORTUGAL
ESPAGNE
Cadix

Les gens d'ici, les Incas, héritiers d'anciennes civilisations paraît-il brillantes, ne connaissent pourtant pas le fer. Mais ils construisent
des murs de pierre gigantesques au sommet des plus hautes montagnes! Nous ne les comprenons pas… Ils n'attachent que peu
de valeur à leur or, qu'ils utilisent en orfèvrerie. Sujets d'un monarque tout-puissant, ils semblent égaux entre eux, et ne manifestent
pas ce désir de propriété et d'enrichissement individuel qui fait avancer nos sociétés du Vieux Monde.

Leur roi, naïf, vient parlementer dans notre camp.
Nous l'emprisonnons aussitôt et exigeons pour sa libération
une rançon, que nous obtenons, mais nous le tuons quand même.
Nous possédons des armes à feu, des chevaux…
Les Incas se battent avec des lance-pierres!
Tout comme les Aztèques, nous les massacrons.
Nous apportons d'Europe des maladies qui se propagent
et les déciment, plus encore que nos armes.»

«Moi, marchand vénitien, j'ai parcouru ce cher Vieux Monde
et j'y ai vu partout les traces de civilisations perdues, d'empires oubliés.
Les pierres des palais ou des temples démolis servent à d'autres constructions
qui en gardent ainsi le souvenir…

Actuellement, deux villes dominent le commerce maritime:
la mienne, Venise, et Istanbul, nouveau nom de Constantinople,
capitale d'un empire appelé ottoman, construit sur les vestiges
de celui qu'avaient bâti les Romains.

Partout, des routes relient
des villes actives qui témoignent
d'une splendeur passée.
Devenues ottomanes,
plus tolérantes
envers les minorités étrangères
et religieuses que celles des
royaumes occidentaux,
ces villes voient affluer dans leurs murs
des populations persécutées.

L'État turc se distingue par son activité
commerciale et industrielle,
sa production de soie,
ses manufactures d'armes.
Mais j'ai entendu dire
qu'à l'ouest du continent
s'ouvriraient des voies maritimes
vers un nouveau monde…
Voilà qui pourrait changer
l'ordre des choses.»

La Chine reste l'empire le plus solide.
Les Chinois sont en avance sur tout. Ils inventent sans arrêt.
Ils perfectionnent l'imprimerie, publient des livres populaires qui racontent
leur vie heureuse. Ici aussi la misère sévit, mais elle accable moins ses victimes
que dans le reste du Vieux Monde.
Ce grand pays a cependant tendance à moins communiquer avec les autres,
à se replier sur lui-même, ce qui pourrait lui nuire.

Nous avons oublié que nous vivions dans des grottes, et que nous avons su peindre
et dessiner avant de cultiver la terre. Or depuis toujours nous décorons, nous sculptons.
Nous avons conté, puis écrit des histoires, des pièces de théâtre, nous avons chanté,
fabriqué des instruments de musique, nous avons dansé et inventé la fête.
Dans de nombreuses villes d'Europe et d'Asie, les arts évoluent avec l'enrichissement
de la nouvelle classe sociale bourgeoise.
Les bourgeois veulent ressembler aux nobles, se vêtir comme eux d'habits luxueux,
accrocher leur portrait et ceux de leurs proches aux murs de leurs maisons.
Avant eux, l'artisan peintre ou sculpteur, anonyme, travaillait pour quelques puissants commanditaires,
et transmettait son savoir-faire. Il devient à présent un artiste concurrent de ses confrères,
garde ses secrets et cherche non pas à perpétuer une tradition, mais à se distinguer.
Il cultive un style personnel et signe ses œuvres. Un peintre apprécié, recherché, s'enrichit, possède
un vaste atelier, emploie des assistants. Il exprime bientôt des idées, raconte son époque,
prend de plus en plus pour sujets l'homme et la nature.
La perspective fait irruption dans la peinture, comme s'il fallait s'évader d'un monde figé
et regarder au loin un avenir plein de promesses.

«En Inde moghole, nous soignons l'illustration de beaux livres et nous travaillons en équipe: les uns spécialistes des personnages, les autres du décor, ou de la couleur. Certains artistes, estimés plus talentueux, sont adulés comme des divinités.»

«En Flandre, le protestantisme, tout comme l'islam, m'a-t-on dit, interdit les images dans les lieux de culte. Sans clientèle religieuse, nous sommes depuis longtemps à notre compte et peignons des portraits, des natures mortes, des fêtes populaires. Nous glissons parfois du côté du fantastique.»

«Soutenus par de généreux mécènes, nos peintres, en Italie, sont les meilleurs du monde! Les meilleurs! Ils inventent le "clair-obscur", le "sfumato".»

«Pour nous, Japonais lettrés, dégagés de l'influence chinoise, l'estampe est le prolongement de la méditation. Mais nous ne faisons pas que méditer! Le soir, nous nous rendons dans les "quartiers de plaisirs" de nos villes pour aller au théâtre et, plus tard dans la nuit, nous nous frottons aux acteurs, aux geishas, aux vendeurs d'estampes populaires.»

«Tout à l'ouest, coiffée d'un curieux bonnet hollandais, l'Europe a une tête:
la France; un nez qui fend l'océan: la Bretagne; une bouche au pli amer: la Gironde;
un menton puissant, l'Espagne, agrémenté d'une mouche: le Portugal…
Un drôle de visage "occidental" sous un nuage immuable, l'Angleterre, et tourné
vers le Nouveau Monde, sur lequel nous mettrons le cap demain, mes marins et moi,
à la grâce de Dieu.
Notre roi, nos marchands et nos banquiers nous ont poussés sur l'océan Atlantique,
au-delà duquel ils entrevoient fortune, puissance et gloire.
Les bateaux espagnols ne reviennent-ils pas des Amériques chargés d'or et d'argent?
Beaucoup d'argent vendu avec grand profit aux empires d'Orient qui, tous,
battent monnaie dans ce métal.

AMÉRIQUE
DU SUD

1700…

De l'autre côté de l'Océan, nous atteignons l'embouchure immense d'un fleuve. Ailleurs, nous mouillons non loin d'îles qui ressemblent au paradis. Nous échouons nos canots sur leurs plages de sable blanc. Partout, des terres sont à prendre aux indigènes, des villes à construire pour de futurs émigrants audacieux n'ayant plus rien à perdre dans nos vieux pays.»

1750…
Du XVIe au XVIIIe siècle, les conflits sanglants qui opposent les catholiques aux protestants
n'ont fait qu'aggraver les tensions entre les royaumes d'Europe.

Les corsaires et les soldats d'Angleterre, de France, d'Espagne continuent à se battre
dans les Amériques, tout en massacrant, chacun de leur côté, les populations locales
avec une même brutalité, une même absence de scrupules.

Pourtant, en Europe, des philosophes, des artistes, des gens de théâtre, des musiciens
ont donné à cette époque des œuvres étincelantes.
Elles annonçaient des changements de mentalité qu'un genre littéraire en vogue
allait accélérer : le récit de voyage. Ses lecteurs y découvrent des régions lointaines,
et peuvent comparer entre elles toutes les cultures du monde.
La Chine athée trouble l'Occident : elle a tout inventé sans l'aide de Dieu.

… Beaucoup d'intellectuels et de philosophes
éloignent la religion de leur pensée.
Après le triomphe de Dieu, voici celui de la raison.
La raison se nourrit de la science, qui non seulement
nous révélera d'où vient le monde,
mais le transformera pour plus de bien-être.

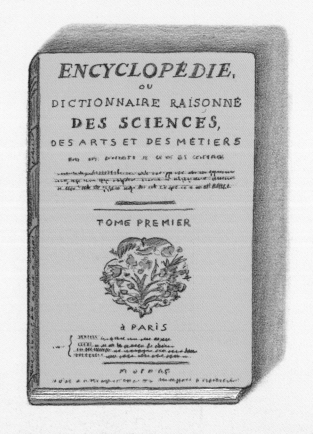

La raison nous dit qu'il n'est pas d'être humain supérieur,
que, partout, les hommes sont égaux,
devraient disposer des mêmes droits,
respecter leurs différences et vivre en harmonie.
Ce beau bouquet d'idées nouvelles fleurit sous le nom
de « siècle des Lumières » !

«Hélas, l'égalité n'est pas d'actualité. Un trafic d'esclaves d'une ampleur inédite s'est développé. Les royaumes européens de la façade atlantique ont imité les Portugais et chassé des hommes sur les côtes africaines.

Des Africains se font pourvoyeurs et vont chercher la ''marchandise'' au plus profond de leur continent. Des millions d'individus gagnent ainsi les Amériques, tassés dans les cales de bateaux ''négriers''. Beaucoup meurent en chemin.

Comment justifier, dans un monde évolué, ce commerce d'êtres humains que l'on exile pour les forcer à travailler sous le fouet de gardiens brutaux dans des plantations de tabac, de café, de sucre, de coton…?

Une idée commode se répand: les ''Nègres'' seraient des êtres inférieurs aux ''Blancs'' qui les exploitent. Les esclavagistes trouvent de soi-disant savants pour mettre la raison et la science, si chères au siècle des Lumières, au service de cette idée abjecte. Ils dessinent des crânes, les comparent, inventent des théories et divisent l'humanité en ''races'' blanche, noire, jaune, rouge… inégales, et même, pour certaines, pas vraiment humaines.»

En Europe, les valeurs des «Lumières» s'opposent à celles des vieilles traditions…

De ce choc surgit une révolution menée par toute une partie de la population française, du paysan au gentilhomme.

Elle échoue, mais a laissé inscrit dans les esprits le mot «république».

Un peu plus tard, un Français, qui prétend vouloir apporter au monde les idéaux des «Lumières», parvient à se faire sacrer Empereur. Il mène une expédition guerrière qui a pour résultat d'affermir, en les dressant contre son pays à présent détesté, tous les nationalismes naissants d'Europe.

Son aventure tourne au désastre dans les neiges de Russie.

Dans les périodes creuses, les familles paysannes exercent souvent un métier artisanal.

Or, en ville, une petite et moyenne bourgeoisie grandit, s'enrichit et consomme davantage.

Pour faire face à cette demande accrue, les paysans-tisserands, forts d'un savoir-faire «touche-à-tout» acquis dès l'enfance, bricolent des machines que les sciences et techniques, dans l'élan du siècle des Lumières, observent et perfectionnent.

Les plus riches bourgeois font bientôt construire des manufactures ou des usines pour ces nouvelles machines.

Fournissant plus, ils vendent moins cher et s'emparent vite de toute la production de meubles, tissus, confection, porcelaine, objets divers…

1850...
De nombreuses familles avaient abandonné la terre pour se consacrer
à l'artisanat. À présent sans travail, elles vont par milliers
se faire embaucher en ville par ces nouveaux entrepreneurs
qu'on appelle des «industriels».
La non-propriété de l'outil ne favorise pas la conscience professionnelle,
pas plus que la division du travail en tâches répétitives dans des lieux
bruyants et sales. Contre la nonchalance et l'absentéisme, la discipline
se durcit. Les salaires sont maigres. Les machines, en s'améliorant
encore, nécessitent moins de main-d'œuvre. D'anciens paysans,
des ouvriers au chômage rôdent dans des villes à présent cernées
de faubourgs insalubres, où se presse une humanité en haillons,
misérable.

Il faut s'unir, former un syndicat
pour nous défendre, exiger
des salaires décents!

... Et moins
de 12 heures
de travail
par jour!

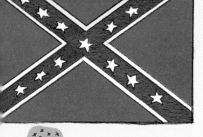

États
sudistes

Doit-on craindre ou applaudir l'industrialisation ? Faut-il regretter le passé ou croire en l'avenir ?
Partout ces questions déclenchent de nombreux conflits. Le plus flagrant, à cette époque, enflamme
cette partie du Nouveau Monde devenue les États-Unis d'Amérique. Il oppose les «sudistes»
et les «nordistes», tous héritiers de colons ayant pratiquement exterminé les derniers Indiens.

Mais alors que les «sudistes» possèdent toujours des esclaves, les «nordistes» ont libéré les leurs.
Devant le progrès industriel qui semble inéluctable, le Sud pleure un paradis sur le point de disparaître, idéalisé, une terre natale
chérie, rurale, où des aristocrates bienveillants entretiennent de bons rapports avec un peuple fier et travailleur,
les esclaves ne comptant pas.

Océan
Atlantique

Golfe
du Mexique

Au Nord, on regarde vers un avenir moderne, industriel, sans esclaves. On accorde au progrès, à la science, une confiance aveugle proche de la foi religieuse. «Sudistes nostalgiques» et «nordistes progressistes» se déchirent le temps d'une guerre dite «de Sécession», extrêmement meurtrière, la première à utiliser des armes industrielles telles que le canon à manivelle et barillet.

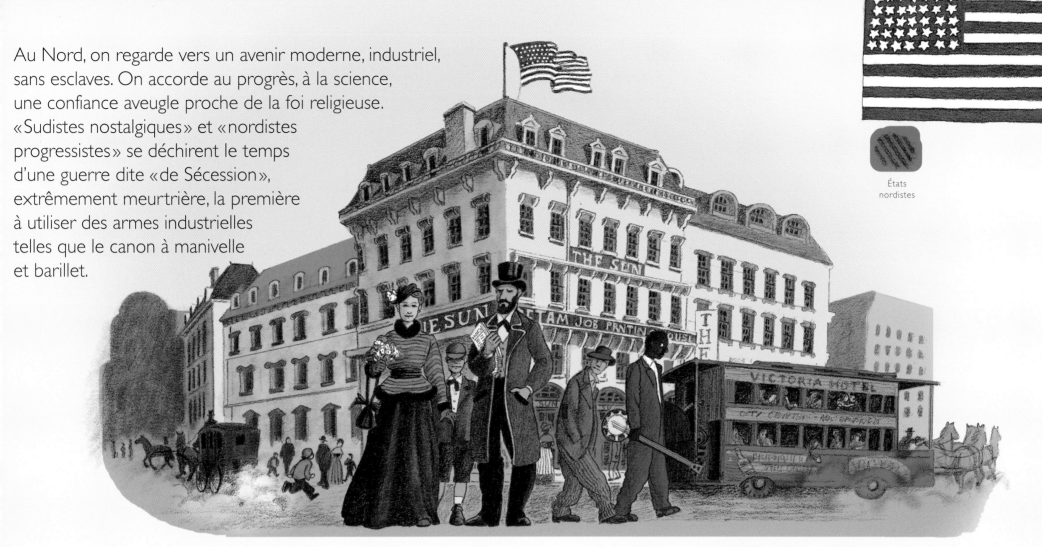

États nordistes

Mais rien n'est simple! Les «progressistes», soudés pendant la guerre, se divisent ensuite. Certains pensent que l'industrie doit rester une affaire privée entre les mains de quelques individus, prenant le risque d'investir beaucoup d'argent dans la construction d'une entreprise, et possédant le don rare de diriger. Leur concurrence, poussant ces «grands patrons» à innover sans cesse, servirait le progrès, en deviendrait le moteur. Il serait alors légitime, selon eux, qu'ils s'enrichissent énormément tout en payant peu leurs nombreux ouvriers. Beaucoup rejettent cette façon de voir, souhaitent que les usines appartiennent à l'État, ne produisent que ce dont le peuple a réellement besoin, et sont pour un partage des richesses entre «dirigeants» et «dirigés», qui ont besoin les uns des autres.
Les ex-esclaves noirs affluent dans les villes des vainqueurs nordistes où, contrairement à leurs espérances, on ne leur accorde pas un statut égal à celui des Blancs. Ils ne seront guère plus heureux chez les «Yankees» qu'auprès de leurs anciens «propriétaires» sudistes.

La colonisation européenne s'intensifie en Afrique.
Les Anglais l'envahissent. Les Français et les Belges aussi, mais plus hypocritement.
Les premiers prétendent civiliser, les seconds christianiser.
D'abord, les coloniaux tombent malades, meurent,
victimes de la fièvre jaune ou de la malaria.
Mais la médecine en plein essor découvre la quinine,
un médicament qui traite ces maladies.

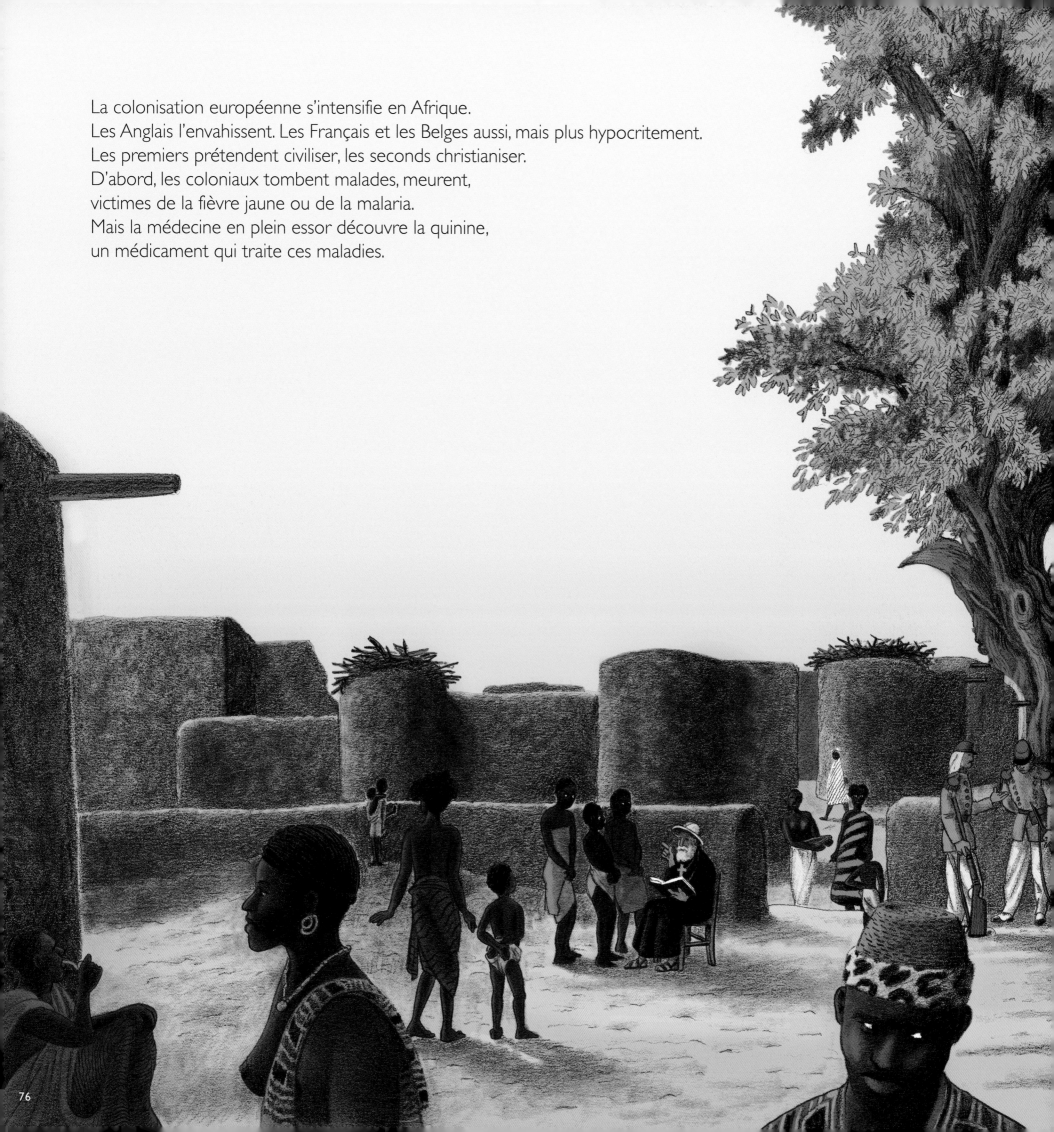

L'esclavagisme cesse enfin, laissant une Afrique à la fois affaiblie par l'absence de millions d'hommes jeunes embarqués de force pour le Nouveau Monde, et divisée entre peuples alliés ou victimes des trafiquants.

Les missionnaires évangélisateurs ne sont pas arrivés seuls, mais accompagnés d'une armée qui protège aussi les colons venus exploiter le sol et le sous-sol africain: or, diamant, cacao, café, argent, cuivre, tabac, caoutchouc…

Les armées coloniales se rendent coupables de massacres. Des lettres échangées entre hauts militaires révèlent des intentions d'extermination. Plusieurs pays devenus puissants veulent leur part du gâteau.

En 1884-1885, la Belgique, l'Allemagne, la France, l'Angleterre et l'Italie se réunissent et découpent le continent noir en morceaux, séparant d'un trait sur une carte des peuples de même culture.

L'ancien royaume du Mali, l'Éthiopie infligent de cuisantes défaites aux armées coloniales. Mais les pays envahisseurs finissent par l'emporter, grâce aux armes nouvelles et industrielles livrées à leurs armées, grâce aussi à la variole, au choléra, à la rougeole dont les colons portent les germes contagieux. Maladies et mitrailleuses fauchent les vies africaines.

Brutal ou insidieux, partout sévit le racisme, avec ses conséquences: la discrimination, la ségrégation.

AFRIQUE

Italie
France
Espagne
Portugal
Belgique
Allemagne
Angleterre

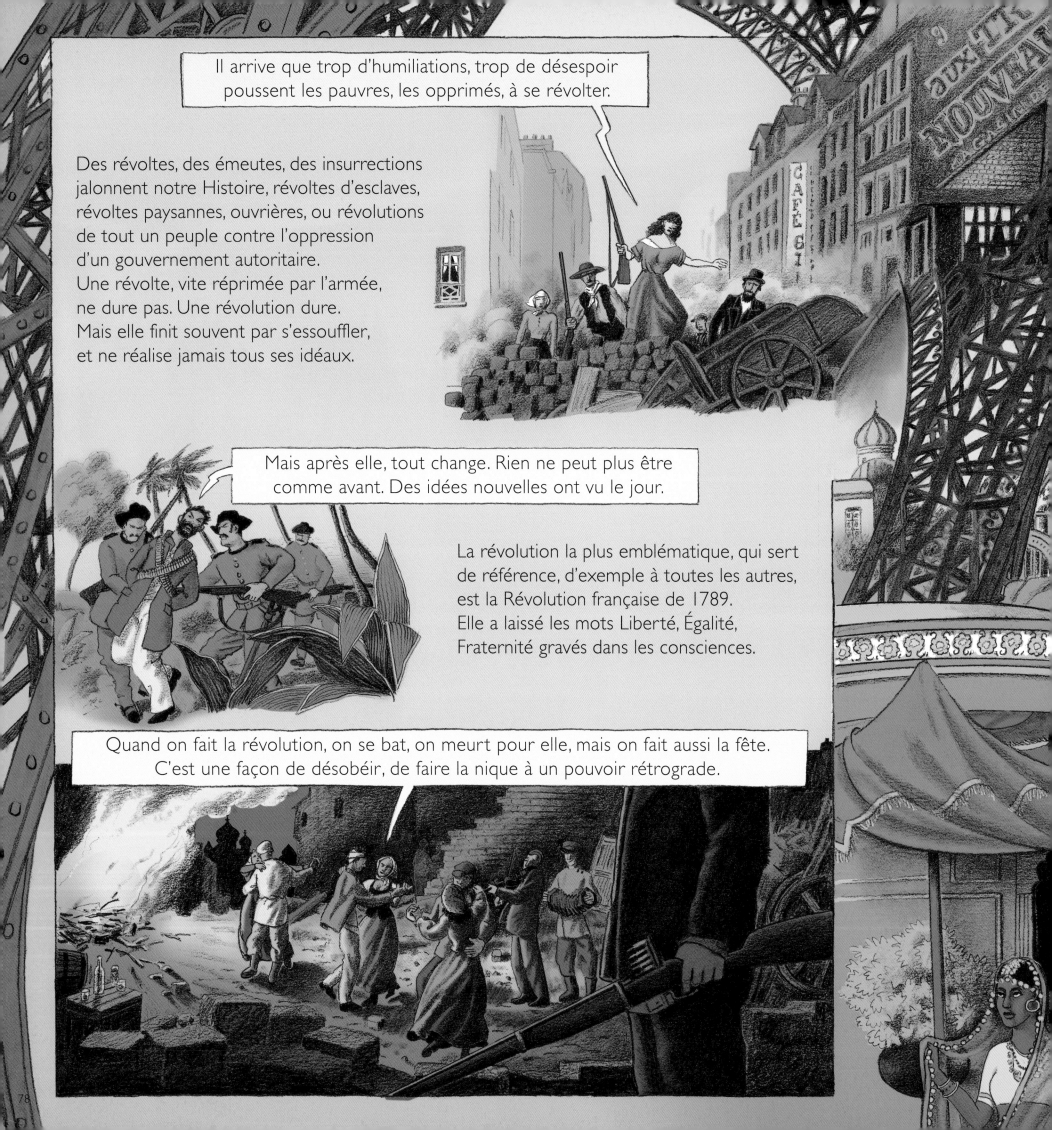

Il arrive que trop d'humiliations, trop de désespoir poussent les pauvres, les opprimés, à se révolter.

Des révoltes, des émeutes, des insurrections jalonnent notre Histoire, révoltes d'esclaves, révoltes paysannes, ouvrières, ou révolutions de tout un peuple contre l'oppression d'un gouvernement autoritaire.
Une révolte, vite réprimée par l'armée, ne dure pas. Une révolution dure.
Mais elle finit souvent par s'essouffler, et ne réalise jamais tous ses idéaux.

Mais après elle, tout change. Rien ne peut plus être comme avant. Des idées nouvelles ont vu le jour.

La révolution la plus emblématique, qui sert de référence, d'exemple à toutes les autres, est la Révolution française de 1789.
Elle a laissé les mots Liberté, Égalité, Fraternité gravés dans les consciences.

Quand on fait la révolution, on se bat, on meurt pour elle, mais on fait aussi la fête. C'est une façon de désobéir, de faire la nique à un pouvoir rétrograde.

Les idéaux des lumières font leur chemin
et avec eux la notion d'égalité universelle.
De nombreux pays veulent mettre le savoir à la portée
de tous, et partout dans le monde des écoles primaires
s'ouvrent aux enfants de toutes conditions.
La médecine progresse.
Avec la révolution industrielle, des classes moyennes apparaissent,
moins résignées, plus exigeantes. On n'accepte plus la mort.
On veut guérir, on veut vivre. La soif d'apprendre, de se cultiver grandit.
Des revues scientifiques faciles à lire sortent des imprimeries.
Des journaux attisent les curiosités. Les premières bibliothèques ouvrent
leurs portes en ville.
Les merveilles de l'industrie, venues de partout, éblouissent le public dans ces hymnes à la gloire du progrès
que sont les Expositions universelles. Toutes les grandes villes du monde organisent la leur,
tout comme elles se dotent d'un zoo et d'un musée, qui ont un immense succès.

1900…
Les machines ne cessent de s'améliorer.
La locomotive à vapeur fait basculer le monde dans une autre dimension. Tout va vite, soudain…
On invente le télégraphe et le cinéma. La fête elle-même s'industrialise.
On entre à présent dans des villages de manèges dominés par la «grande roue» et les «montagnes russes».
Les grands magasins deviennent des temples de la consommation. On invente la publicité, qui crée des besoins
que nous n'avions pas. La «fée électricité» inonde de lumière ce début de siècle.
Un système commercial concurrentiel se met en place, qui oblige à produire et vendre toujours plus.
Parfois le système a des ratés, se grippe, tombe en panne, avec, pour conséquences, un chômage massif,
la récession, la misère pour la plupart des gens.

Les grandes civilisations chinoise et indienne, affaiblies, aiguisent elles aussi des appétits colonisateurs.
Les nouveaux États forts d'Occident, le Japon en pleine ascension, leur prennent des territoires.
Les États-Unis, la Russie se servent, eux aussi.
Le mépris colonial envers les prétendues «races inférieures» se propage dans les métropoles.
Il est entretenu et justifié par des livres pseudo-scientifiques, banalisé par des spectacles
et certaines affiches publicitaires, qu'on appelle des réclames, d'un racisme odieux,
étalé sans état d'âme. On y voit des Noirs «battus et contents», comme le chocolat.
Les «gens de couleur» ne sont pas les seules victimes de ces tristes comportements.
Les juifs, comme souvent déjà par le passé, sont rendus responsables de tous les maux.

Monarchie, république, universalisme, nationalisme, patronat, classes laborieuses, racisme, antiracisme, ordre traditionnel, classes nouvelles, modernisme, passéisme, concentration des richesses, appauvrissement, toutes ces contradictions agitent les pays d'Europe et les conduisent à une guerre absurde, effroyable, qui ravage des régions entières entre 1914 et 1918. L'Empire ottoman, l'Amérique et la Russie s'en mêlent. Cette première guerre mondiale ne résout aucun des problèmes posés.

En 1929, la machine commerciale planétaire tombe en panne. Des usines ferment. Des populations soudain sans travail sombrent dans la misère. On voit des vagabonds, des familles entières errer sur les routes, pensant trouver ailleurs des emplois.

Les courants d'idées contradictoires déjà décrits se précisent, se rassemblent en deux camps qu'on appelle, pour faire simple, la «droite» et la «gauche». Chacun a ses modérés et ses extrémistes.
Tous s'affrontent dans la guerre civile qui éclate en Espagne. Tous se renforcent de partisans venus du monde entier.
On ne se bat plus pour conquérir des territoires, mais pour des idéologies.

Dans une Allemagne affaiblie, humiliée par sa récente défaite et durement frappée par la crise de 1929,
un groupe politique d'extrême droite, revanchard et raciste, se développe: le parti national-socialiste,
en abrégé: nazi. Récemment unifié, le pays n'a pas une identité aussi affirmée que celle de ses voisins.
Les nazis lui en trouvent une du côté des Aryens, peuple mythique et fantasmé, une «race pure», grande,
blonde, dont les Allemands descendraient en droite ligne, ce qui ferait d'eux des «élus» destinés à régénérer
une Europe décadente.

Un homme ni grand ni blond, mais habité par une force de conviction impétueuse,
hurle des discours et désigne des coupables à châtier, un surtout: le peuple juif.
Devenu le chef des nazis, élu à la tête du pays, il soulève les foules et séduit
bien des Européens. Il veut la guerre, il veut dominer le monde, il veut exterminer
les juifs. Il fait construire pour cela des camps d'extermination, des chambres à gaz,
des fours crématoires…

Dans notre Histoire entachée d'atrocités, les nazis ont repoussé les limites du pire.
Les États-Unis entrent en guerre aux côtés des démocraties d'Europe, le Japon s'allie à l'Allemagne et à l'Italie.
C'est une guerre totale, mondiale, épouvantable, industrielle, qui fait cinquante millions de morts,
dont la moitié de civils. Les nazis sont enfin vaincus.

Nous sommes tous des *Homo sapiens*, avec les mêmes ancêtres, partis d'Afrique voilà 150 000 ans.
Au-delà de nos différences d'aspect, de nos différences économiques, qui ont des causes précises,
nous sommes pareils. Partout ce sont les mêmes idées qui nous opposent: foi religieuse, athéisme, nostalgie,
progressisme, droite, gauche, et, chez beaucoup, tout cela mélangé.
Comment devient-on extrémiste, fanatique? On ne peut pas répondre à cette question.
Nous pouvons seulement nous demander si, dans certaines circonstances, sous certaines conditions,
nous pourrions l'être nous-mêmes.

Beaucoup parmi nous, nés avant, pendant, ou après la Seconde Guerre mondiale, sont là, bien vivants. Nous quittons le champ de l'Histoire pour entrer dans celui de la vie. Par définition, l'Histoire n'est pas la vie. Ainsi, une fois la paix signée, nous avons vu la planète se séparer en deux groupes de pays, les uns derrière les États-Unis, les autres derrière l'Union soviétique ou la Chine. Deux modèles de société, deux systèmes de valeurs et de production se sont opposés. Avant qu'il n'en reste qu'un (le modèle américain, à de rares exceptions près), ce conflit, connu sous le nom de «guerre froide», a occupé nos pensées durant une cinquantaine d'années. Qu'en reste-t-il aujourd'hui? Plus personne n'en parle.

Quels événements caractériseront notre temps aux yeux des futurs historiens?

La conquête de l'espace?

Le nucléaire?

L'informatique ?   La robotique ?

Les guerres sévissent toujours… Aucune ne nous a servi de leçon.
La science et le progrès s'emballent. L'énergie nucléaire inquiète. Nos savants semblent sur le point de nous «cloner». Les robots sont tout près de penser par eux-mêmes.
Nous consommons comme jamais. Pour certains, nous détruisons notre planète, nous reproduisons à grande échelle le désastre de l'île de Pâques. D'autres, toujours confiants à l'égard de la science et sûrs de notre éternelle inventivité, croient que nous résoudrons toujours, tôt ou tard, tous les problèmes.
Au cours de ces dernières années, la vie des femmes a considérablement changé. Jusqu'à présent, le pouvoir appartenait majoritairement aux hommes, qui dominaient celles qu'ils appelaient le «sexe faible». Aujourd'hui encore, on dit: l'«Homme» pour parler de l'espèce humaine en général.
Mais le dur combat des femmes pour leur émancipation et l'invention de la pilule contraceptive ont tout changé.
Les femmes sont à présent nombreuses à travailler. Elles choisissent d'avoir ou non des enfants, combien, et quand. Elles peuvent être ministres, chefs d'État ou d'entreprise.
On commence à voir des familles dans lesquelles la mère travaille et le père tient la maison.
Si des femmes restent soumises à la loi masculine dans certaines régions du monde, si nulle part encore l'égalité n'est complète, notre temps restera pourtant, sans aucun doute, celui du changement radical des relations entre les deux sexes.

Quelques célébrités

Acteurs de notre Histoire, nous en sommes aussi les auteurs. Nous l'écrivons, plus ou moins bien, mais elle avance. Émergeant de son cours, certains d'entre nous se sont distingués dans l'exercice du pouvoir, de la science, des arts, ou par des écrits fameux. Il semble que nous ayons besoin de dirigeants, de références, de modèles, de héros. Leurs vies, leurs actes, leurs œuvres, souvent, prennent toute la place, deviennent l'Histoire, et nous effacent.
En voici quelques-uns, quelques-unes, de ces hommes et femmes remarquables, à replacer dans leur époque en rapprochant leurs dates d'existence de celles qui courent dans les pages de ce livre. Vous aurez tout loisir de vous renseigner sur eux, recherche qui vous fera découvrir d'autres personnages mêlés, dans l'Histoire générale, à mille histoires particulières.

Seuls quelques noms, ici, vous seront familiers sans doute, car chaque peuple a tendance à vénérer «ses» élites, en méconnaissant celles du reste du monde.

Homo sapiens,
dit «Homme de Herto»:
(Éthiopie actuelle. - 195 000).
Le plus ancien *Homo sapiens*
découvert à ce jour.

Narmer
(- 3185 – - 3125).
Souverain d'Égypte.
Il en a unifié le sud et le nord
en un seul empire.

Imhotep
(- 2800).
Architecte, grand prêtre,
médecin et sage.
Il construit la première
pyramide à degrés.

Gilgamesh
(autour de - 2650).
Personnage héroïque
de la Mésopotamie antique,
ce roi de Sumer est le premier
dont on a raconté «l'histoire».

Hammourabi
(- 1792 – - 1750).
Fondateur du royaume
babylonien de Mésopotamie.
On lui doit l'un des premiers
textes de loi de l'Histoire.

Hatchepsout
(- 1479 – - 1457).
Femme pharaon,
qui pourrait n'être citée
qu'à ce titre…
Elle a aussi mené
une politique de paix
et développé des relations
avec le sud de l'Afrique.

Akhénaton
(- 1355 – - 1337).
Pharaon mystique,
adorateur d'un dieu unique.
Il annonce
les bouleversements religieux
et philosophiques
qui vont agiter
l'Ancien Monde.

Balkis,
la reine de Saba
(autour de - 1000).
Souveraine
ayant certainement régné
sur le Yémen et une partie
de l'Éthiopie.
Elle aurait créé
une vaste zone culturelle
jusqu'en Phénicie
en se mariant
avec le roi Salomon.

Homère
(autour de - 800).
Aède grec, créateur de l'*Iliade*
et l'*Odyssée*,
une fresque épique brassant
les comportements des dieux
et des hommes,
considérée comme la mère
de la littérature.

Zarathoustra
(vers - 600).
Un des premiers prophètes
ayant une vision humaniste
et universelle du monde.

Isaïe
(vers - 600).
Prophète lui aussi, il a œuvré
à la transformation
du judaïsme, religion tribale,
en religion universelle.
Il fait partie
des quatre «prophètes» qui,
pendant ce siècle,
ont révolutionné la spiritualité
dans l'Ancien Monde.

Bouddha
(vers - 600).
Comme les deux précédents,
mais en Inde, il transmet
une vision humaniste
et universelle du monde.
Il tente de transformer
les mentalités par la parole.

Confucius
(- 551 – - 479).
Lui aussi tente
de donner espoir à l'humanité.
Il impose des règles morales
strictes.

Phidias
(- 490 – - 430).
Nous ne connaissons
que par des descriptions
les œuvres majeures,
mais disparues, de ce sculpteur-
architecte vivant au temps
de la splendeur d'Athènes,
auteur d'une statue de Zeus
qui fut l'une des Merveilles
du monde.

Hérodote
(- 484 – - 420).
Précurseur de l'Histoire
envisagée
comme une science objective,
éthique et argumentée.

Alexandre
(- 356 – - 323).
Jeune roi macédonien
avide de conquêtes,
il bâtit un immense
mais éphémère empire
dans lequel différentes cultures
se télescopent, se mélangent.

Ashoka
(- 304 – - 232).
Empereur indien,
il met fin au chaos
qui a suivi le passage
d'Alexandre dans sa région.
Il adopte les principes
non-violents du bouddhisme.
Son empire rayonne
sur toute l'Asie
du Sud-Est.

Qin Shi Huang
(- 259 – - 210).
Empereur chinois
de la dynastie Qin,
il réunifie son pays divisé
et épuisé par des guerres
intestines.

La candace (reine)
Amanishakhéto
(vers - 35).
Reine du brillant royaume
de Méroé ou Nubie,
dans l'actuel Soudan,
elle remporte
une grande victoire
contre les légions romaines,
évitant l'annexion
de son royaume.

Jésus
Né en l'an 4 ou 5 avant l'ère
qui porte son nom.
Il est prophète juif
à l'origine de la multitude
de courants religieux
qui forment le christianisme.

Hadrien
(76 – 138).
Empereur éclairé, cultivé,
symbole
de la puissance romaine
à son apogée.

Zénobie
(240 – 274).
Souveraine de l'Empire perse
renaissant
dont elle fait un riche foyer
culturel.

Constantin
(272 – 337).
Rome décline.
Cet empereur se replie
sur l'Orient,
choisit Constantinople
comme nouvelle capitale
de l'empire, et bouleverse
toute la région
méditerranéenne
en imposant
un christianisme politique.

Attila
(4395 – 453).
Chef de la tribu des Huns,
il réussit à fonder
le plus vaste
des royaumes «barbares»,
annexant, détruisant
des États…
Son règne éphémère
redessine la carte politique
du continent eurasien.

Aryabhata
(476 – 550).
Savant représentatif
du foisonnement scientifique
de l'Inde classique.
À la fois mathématicien
et astronome,
il découvre que la Terre
tourne sur son axe.

Justinien
(482 – 565).
Dernier empereur à tenter
de réunifier
la partie occidentale perdue
de l'Empire romain
et celle d'Orient.

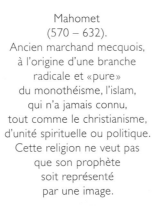

Mahomet
(570 – 632).
Ancien marchand mecquois,
à l'origine d'une branche
radicale et «pure»
du monothéisme, l'islam,
qui n'a jamais connu,
tout comme le christianisme,
d'unité spirituelle ou politique.
Cette religion ne veut pas
que son prophète
soit représenté
par une image.

K'inich Janaab' Pakal
(603 – 683).
Souverain symbolisant l'apogée
de l'époque classique maya,
avant le déclin rapide
de cette civilisation.

Charlemagne
(742 – 814).
Ce roi franc de culture tribale
et guerrière a tenté en vain
de créer
un Empire latin chrétien.
À sa mort,
ce qui devait devenir l'Europe
n'était encore qu'une mosaïque
de territoires rivaux
politiquement instables.

Avicenne,
(980 – 1037).
Philosophe, écrivain, médecin
et scientifique perse.
Il a été, dans l'Ancien Monde,
l'un des plus brillants penseurs
de la période
dite médiévale.

Saladin
(1138 – 1193).
Sultan kurde qui, toute sa vie,
a cherché à unifier
les mondes musulmans.
En vain.
Après sa mort,
son immense empire
s'est désagrégé.

Frédéric II
(1194 – 1250).
Souverain sicilien
original et riche, lettré,
il personnifie à merveille
l'esprit de tolérance religieuse
et le foisonnement culturel
du bassin méditerranéen
lors de la période
dite médiévale.

Saint François d'Assise
(1181 – 1226).
Ancien marchand
devenu ermite.
Sa conception
du message évangélique
originel
est diamétralement opposée
à celle du christianisme
politique
alors dominant
dans la chrétienté latine.

Gengis Khan
(1158 – 1227).
Chef impitoyable
et charismatique mongol,
il est à la tête
du plus vaste empire
de l'histoire
de l'humanité.

Rashid al-Din
(1247 – 1318).
Historien perse.
On lui doit
la première *Histoire
universelle* complète
de l'Ancien Monde.

Dante Alighieri
(1265 – 1321).
Parfois, parmi nous,
se distingue un esprit puissant
qui nous livre des réflexions
profondes
sur la condition humaine.
Après eux, nous en savons
un peu plus sur nous-mêmes.
Né en Lombardie,
Dante est l'un de ceux-là.

Kanga Moussa
(1280 – 1337).
Roi du Mali.
L'un des plus riches souverains
de la partie occidentale
de l'Ancien Monde,
régnant sur un puissant
royaume africain
regorgeant d'or.

Ibn Battûta
(1304 – 1377).
Voyageur originaire de Tanger,
il a parcouru l'Afrique,
l'Asie, la Méditerranée, l'océan
Indien,
et nous a laissé un récit
d'une précision ethnographique
révolutionnaire.

Moctezuma Ier
(1398 – 1469).
Empereur du royaume aztèque
à son apogée,
avant l'arrivée dévastatrice
des Espagnols.

Léonard de Vinci
(1452 – 1519).
Artiste et scientifique italien,
il révolutionne la peinture en
«brouillant» les limites
des corps,
qui ne se détachent
plus du paysage
comme
des figurines découpées,
mais s'y intègrent
subtilement.

Christophe Colomb
(1451 – 1506).
Aventurier génois
parti sur l'Atlantique,
il découvre le Nouveau Monde
en croyant rejoindre
par là l'Ancien.
Il est donc à l'origine
des cruelles expéditions
qui vont suivre.

Wang Gen
(1483 – 1541).
Disciple du grand penseur
Wang Yangming,
il est à la pointe
du mouvement d'esprit critique
qui se développe en Chine
à l'époque.
Il conteste
la morale traditionnelle,
défend les classes
«inférieures»,
les femmes
et les minorités
ethniques.

Atahualpa
(1497 – 1533).
Dernier souverain
de l'Empire inca indépendant
avant l'arrivée des Espagnols,
avec lesquels,
pour son malheur,
il tente de parlementer.

Soliman le Magnifique
(1494 – 1566).
À partir de son règne,
l'Empire ottoman devient
l'une des quatre
grandes puissances mondiales,
avec la Chine, l'Inde
et la Perse.

Akbar
(1542 – 1605).
Roi mécène
de la période moghole,
il insuffle en Inde
une dynamique artistique
sans précédent.

William Shakespeare
(1564 – 1616).
Anglais,
il est peut-être
le plus grand dramaturge
de l'Histoire.
Jetant des personnages
inoubliables dans la tragédie,
la comédie, le grotesque,
le fantastique,
il sonde la nature humaine
sans jamais oublier
de nous raconter
une histoire captivante.

Galilée
Galileo Galilei
(1564 – 1642).
Scientifique italien
considéré comme le fondateur
de la physique moderne.
Rejetant tous les *a priori*,
il s'oppose radicalement
aux croyances de son époque.
Le tribunal de l'Inquisition
l'oblige à nier ses idées.

Baruch Spinoza
(1632 – 1677).
Philosophe éclairé hollandais,
à la pointe
de cette pensée européenne
qui commence à douter
de la religion,
précurseur des «Lumières».

Bashō
(1644 – 1694).
Poète japonais,
maître du haïku:

«Paix du vieil étang
Une grenouille plonge
Bruit de l'eau.»

Wolfgang Amadeus Mozart
(1756 – 1791).
Musicien viennois,
enfant prodige,
comète
lancée à travers son époque,
il nous a laissé sa musique,
ineffable, unique.
Il se peut que le mot «génie»
ne s'applique à nul autre
mieux qu'à lui.

Immanuel Kant
(1724 – 1804).
Prussien, héritier de Spinoza
et l'un des principaux
philosophes des «Lumières».
C'est lui qui a poussé
le plus loin la réflexion
sur la condition humaine
et l'universalité.

Toussaint Louverture
(1743 – 1803).
Il arrache aux planteurs
de Saint-Domingue
la mise en liberté
de leurs esclaves,
dont il avait lui-même
partagé le sort,
réalisant ainsi un rêve
des «Lumières».

Napoléon
(1769 – 1821).
Militaire français,
né en Corse,
il profite des troubles
politiques de son pays
pour se hisser
à la tête de l'État
et s'autoproclamer
Empereur.

Simón Bolívar
(1783 – 1830).
Issu d'une riche famille créole
de Caracas,
il devient le fer de lance
du combat sud-américain
pour se libérer de la tutelle
espagnole.

Abd el-Kader
(1808 – 1883).
Homme politique
et chef de guerre algérien,
symbole de la résistance
du continent africain
aux impérialismes
européens.

Abraham Lincoln
(1809 – 1865).
Président des États-Unis.
Sa position anti-esclavagiste
provoque
la guerre de Sécession.
Il œuvre pour la réconciliation,
mais il est assassiné
par un «sudiste»
fanatique.

Fiodor Dostoïevski
(1821 – 1881).
Auteur russe puissant.
Son œuvre peut être qualifiée
d'«anthropologique»
tant il a fouillé
les zones obscures
des êtres humains.

Victor Hugo
(1802 – 1885).
Auteur prolifique
dans tous les genres littéraires
et homme politique français,
que son amour de l'humanité,
des «misérables»,
a rendu très populaire.
Qui ne connaît pas
Gavroche, Cosette,
Jean Valjean, Quasimodo,
Esmeralda ?

Sitting Bull
(1831 – 1890).
Chef sioux,
et l'un des derniers
Amérindiens
à tenter de s'opposer
aux appétits territoriaux
du jeune État américain.

Marie Curie
(1867 – 1934).
Physicienne et chimiste
franco-polonaise,
elle participe à la découverte
de la radioactivité.
Elle obtient deux fois
le prix Nobel.
Avec elle,
l'émancipation de la femme
se précise et s'accélère.